国际中文教育中文水平等级标准
语法学习手册（高等）

汉考国际教育科技（北京）有限公司　编

顾　　问　刘英林

策　　划　李佩泽　郭风岚

主　　编　金海月　应晨锦　王鸿滨　李亚男

参编人员　白冰冰　付彦白　李靖华　王予暄

CENTER FOR LANGUAGE EDUCATION AND COOPERATION
教育部中外语言交流合作中心

国际中文教育中文水平等级标准

Chinese Proficiency Grading Standards for International Chinese Language Education

语法学习手册

Grammar Learning Manual

汉考国际教育科技（北京）有限公司 Chinese Testing International Co.,Ltd. | 编

顾问 刘英林

主编 金海月 应晨锦 王鸿滨 李亚男

高等 Advanced

北京语言大学出版社
BEIJING LANGUAGE AND CULTURE UNIVERSITY PRESS

图书在版编目（CIP）数据

国际中文教育中文水平等级标准. 语法学习手册 ： 高等 / 汉考国际教育科技（北京）有限公司编 ； 金海月等主编. -- 北京 ： 北京语言大学出版社，2022.12（2025.8重印）
ISBN 978-7-5619-6185-8

Ⅰ. ①国… Ⅱ. ①汉… ②金… Ⅲ. ①汉语－语法－对外汉语教学－课程标准 Ⅳ. ①H195.3

中国版本图书馆 CIP 数据核字（2022）第 216037 号

国际中文教育中文水平等级标准・语法学习手册（高等）
GUOJI ZHONGWEN JIAOYU ZHONGWEN SHUIPING DENGJI BIAOZHUN・YUFA XUEXI SHOUCE (GAODENG)

排版制作：北京创艺涵文化发展有限公司
责任印制：周 燚

出版发行：北京语言大学出版社
社　　址：北京市海淀区学院路 15 号，100083
网　　址：www.blcup.com
电子信箱：service@blcup.com
电　　话：编 辑 部　8610-82303647/3592/3395
　　　　　国内发行　8610-82303650/3591/3648
　　　　　海外发行　8610-82303365/3080/3668
　　　　　北语书店　8610-82303653
　　　　　网购咨询　8610-82303908
印　　刷：天津鑫丰华印务有限公司

版　　次：2022 年 12 月第 1 版　　印　　次：2025 年 8 月第 2 次印刷
开　　本：787 毫米 × 1092 毫米　1/16　　印　　张：14.5
字　　数：246 千字
定　　价：65.00 元

PRINTED IN CHINA
凡有印装质量问题，本社负责调换。售后QQ号1367565611，电话010-82303590

前 言

刘英林

编写新型《国际中文教育中文水平等级标准·语法学习手册》（以下简称《语法学习手册》），要从我们自主创新和开放创新新时代国家级《国际中文教育中文水平等级标准》（GF 0025—2021）（以下简称《等级标准》）[①] 说起。

我们开拓创新《等级标准》有个长达 30 多年的探索、实践和研发的过程。《等级标准》发端于 1988 年《汉语水平等级标准和等级大纲（试行）》、1992 年《汉语水平词汇与汉字等级大纲》，奠基于 1996 年《汉语水平等级标准与语法等级大纲》、2010 年《汉语国际教育用音节汉字词汇等级划分》（GF 0015—2010）（以下简称《等级划分》），成型于 2020 年《汉语国际教育汉语水平等级标准全球化之路》、2021 年国家级《等级标准》。《等级标准》是 71 年国际中文教育历史上第一个由教育部和国家语委发布的具有明显国际中文教育特色的新时代国家级标准，是面向外国中文学习者，全面描绘、评价学习者中文语言技能和水平的规范标准。《等级标准》的发布与实施是国际中文教育学科与事业进一步走向标准化、规范化、国际化的突破性创新和原创标志性成果。

《等级标准》中最具中文特色的是音节、汉字、词汇、语法“四维基准”国际化新理念、新规则。“四维基准”坚持原创性的研究，有两次重大变革和创新：一次是在词汇与汉字“二维基准”基础上，2010 年率先创新性引入“音节”，形成以音节、汉字、词汇“三维基准”为特征的《等级划分》；另一次是在“三维基准”的基础上，迎难而上，以 1996 年《汉语水平等级标准与语法等级大纲》等成果为主要依据，集体攻关，解题创新，2021 年以“附录 A（规范性）语法等级大纲”（以下简称“语法等级大纲”）的形式，创新性融入“语法”，形成以音节、汉字、词汇、语法“四维基准”为特色和标志的新时代《等级标准》。从“二维基准”发展为“三维基准”，再拓展到“四维基准”，这个上升路径是国际中文教育学科和事业历时 33 年的一次革故鼎新式的历史性变革，是一个没有先例的新亮点、新规则，将为新时代全世界多层次及多样化教学、测试、学习和评估提供重要的引领作用。

“四维基准”中的“语法等级大纲”是怎么来的？ 2018 年，我被国家汉办及汉考国际聘为课题组首席专家，根据我的提议，课题组先后组建了老专家顾问组和中青年

---

① 《等级标准》原定名为《汉语国际教育汉语水平等级标准》，2020 年 9 月送国家语委语言文字规范（标准）审定委员会审定后，正式更名为《国际中文教育中文水平等级标准》。《等级标准》于 2021 年 7 月 1 日起实施，2021 年 9 月获教育部第六届全国教育科学研究优秀成果三等奖。

专家组。我们这个能干大事的老、中、青专家团队义无反顾，直奔重中之重的关键项目——自主创新新时代国际中文教育的国家标准。依据我们制定的总体规划和顶层设计，在《等级标准》中，语法等级大纲的研制是最大的难点和亮点，也是我心中期待已久的“国家任务”。

当时，我们面临的难题是：语法等级大纲能不能直接融入国家标准？如何稳妥有序地进入国家标准？1996年，我们曾经做过一次大胆尝试，以国家汉办汉语水平考试部的名义主编《汉语水平等级标准与语法等级大纲》，推出后反响很好。我们本想一鼓作气，继续前行；但世事难料，我经桂诗春先生推荐、应香港理工大学邀请、受教育部港澳台办委派，只身前往香港，主持香港理工大学“香港普通话水平考试（PSK）”的研发和实施工作，没想到一干就是13年！在此期间，PSK获得成功并于2003年通过国家语委语言文字规范（标准）审定委员会审定，2006年又得到了香港特区政府的认同，实属不易。但是另一方面，想继续修订、优化升级语法等级大纲之事却被长期搁置下来。机会总是留给有准备的人。这一次，我虽走入耄耋之年，依然下决心抓住等待20多年的机遇，将搁置已久、急需的语法等级大纲作为重要突破点，转型升级融入新时代《等级标准》，实现一生最大的心愿。

为什么不直接研发语法等级大纲，而是定名为“附录A（规范性）语法等级大纲”呢？我们老专家顾问组经过反复思考，认为基于三个原因：一是从1996年《汉语水平等级标准与语法等级大纲》到20多年后的今天，虽然教学语法研究取得了不小的进展，进入国家标准的时机逐渐成熟，但是在目前学派林立的情况下，直接融入国家标准在学界争议太多，难度较大，在短期内难以形成足够共识；二是2010年我们主编的第一个国家标准《等级划分》的最大贡献之一是在汉语国际教育事业中首先开创音节、汉字、词汇“三维基准”新规则，为后来构建“四维基准”新体系奠定了坚实的基础，这是我们当时循序渐进设计、研发《等级划分》的重要考量之一；三是2021年构建新时代《等级标准》的关键一环是创新升级语法等级大纲，并使之有机融入国家标准，创新以中文为中心，音节、汉字、词汇、语法系统完整的“四维基准”国际化新理念、新体系、新规范。对于这个非常重要而紧迫的课题，为稳妥起见，老专家顾问组经过深思熟虑，决定采取两步走的可行路径。第一步，在新时代《等级标准》中，音节表、汉字表、词汇表传承2010年《等级划分》的研究成果。《等级划分》是国家标准的正式文本，已是基本事实，没有任何问题。这次研制《等级标准》，当务之急是创制“语法等级大纲”，“附录A”表明其性质是规范性附录，虽不是国家标准的正式文本，但属于国家标准的组成部分。我们先以“附录A（规范性）”的形式稳中求进地往前走几年，这是一种灵活性策略，是解决实际问题的实用性安排。为了更慎重、更稳妥，我们专门成立了由应晨锦、王鸿滨、金海月及李亚男四位年轻专家组成的编写团队，特意召开了专家座谈会，邀请知名语法专家陆俭明、吕文华、丁崇明、郭锐、李泉和卢福波进行座谈咨询。我们请郭锐就全部例句进行了审读和修改；请杨寄洲重点就初等一、二、三级和中等四、五、六级的语法点与几套影响较大的初中等教材进行了实证比对分析研究，并就全部例句从语用层面进行了认真审读与增删。第二步，经过国内外一段时间的广泛实践，待条件成熟时，如经过 10 年或更长一段时间的验证后，《等级标准》修订完善时，“语法等级大纲”中的“附录 A（规范性）”几个字就可顺理成章地拿掉。课题组聘请知名专家组建老专家顾问组的重要原因，就是想起到这种决策作用——定向、把关、坚守。“语法等级大纲”融入国家标准分两步走的策略就是这种关键决策之一。

《语法学习手册》的主要用途和特点如下。

主要用途：

（1）外国学习者自学中文最基本、最实用、最具针对性的语法“学习—获得—交际”一体化教材。

（2）国际中文教育专业本科生和研究生必备的学习材料。

（3）国际中文教育年轻教师和志愿者的重要参考资料。

（4）编写国际中文教材（包括本土教材）的重要参考资料。

《语法学习手册》是在国家标准《等级标准》正式发布后，由汉考国际开发研制的首部创新实践型、普适型语法学习教科书，分为初等、中等和高等三册。我提出了编写的初步构想，理所当然直接由参与构建“语法等级大纲”的应晨锦、王鸿滨、金海月及李亚男四位年轻专家通力合作主编完成。学习的目的全在于运用，《语法学习手册》是在对“语法等级大纲”深层次认知的基础上，以学生为中心，最有效、最有针对性的独特破题应用解读。

《语法学习手册》具有四个特点：

（1）以新时期“四维基准”中的“语法等级大纲”精选的语法点为基本遵循。依据“精要、好懂、管用”（张志公语）原则，精选语法点，注重同一等级音节、汉字、词汇和语法点之间的关联性及一致性，这是《语法学习手册》的一个重要特点，这一点在“语法等级大纲”出台前是难以做到的。

（2）“以语法为纲 + 言语交际实践”是一种新路向、新趋势。新中国第一部对外汉语教材《汉语教科书》（1958）是以语法为纲的[①]，被称为“对外汉语语法教材的奠基之作”[②]，我们要继承、发扬这个传统，并着力将语法与言语交际能力相融相通。在新时期“语法等级大纲”的引领下，让外国人学中文语法学得简单，学得容易，学得有效。

---

① 参见：郭锐，《〈国际中文教育中文水平等级标准·语法等级大纲〉的后续工作》，《国际汉语教学研究》2021 年第 1 期，第 14 页。

② 参见：程棠，《对外汉语教学学科发展说略》，《汉语学习》2004 年第 6 期，第 47 页。

（3）“典型例句＋典型环境对话”是一种综合思维创新模式，即“学习—获得/习得—交际”模式，给学习者提供一种整体性养成、背诵、记忆体验。英文的 acquisition 一般被翻译成“习得”，但是胡明扬先生将其译为“获得”，我们赞赏这个译法。我们倡导把精选的语法点提炼为“典型例句”，并配以“典型环境中的典型对话”，为外国学习者特别是在非中文环境下的学习者提供方便，这一点应引起足够的重视。另外，每个语法点都附有六个补充例句，这为全面掌握该语法点和差异化教学、学习提供了科学依据。

（4）传承“教学做合一”教育理念，倡导“教学用合一”新理念、新模式。我们赞同、套用陶行知先生提出的“教学做合一”（1919）教育理念和实践，引领中文语法教学中的“教学用合一”新理念，主张“在学中用，在用中学”，稳步推进“标准—教材—运用”一体化。

这四个特点，是我们继“四维基准”之后，持续对语法教学和测试进行的一种解题创新式的新探索和新认知。

以上我写的这个“前言”，与一般的“前言”或“序”不大一样。

2021 年 12 月

编写说明

《国际中文教育中文水平等级标准·语法学习手册》（以下简称《语法学习手册》）严格依据教育部和国家语委联合发布的《国际中文教育中文水平等级标准》（以下简称《等级标准》）中的“附录A（规范性）语法等级大纲”（以下简称“语法等级大纲”）进行编写，是面向中文学习者的应用型学习手册。本书遵循“以学习者为中心”的教育理念，倡导语法自然习得，在内容编写及板块设计方面力求体现实用性，以达到快速提高学习者言语交际能力的目的。

《语法学习手册》分为初等、中等、高等三个分册，分别对应“语法等级大纲”初等、中等和高等的语法点。《语法学习手册》中的语法点并不与“语法等级大纲”逐条对应，而是对“语法等级大纲”中的语法点进行了拆分或合并，围绕“基本语义及用法”“典型例句和对话”“补充例句”“结构特点”“小提示”等维度对每个语法点进行详细说明。“基本语义及用法”是语法点的语义解释与用法说明，力求用最简洁的语言，说明语法点的意义、特点和用法等。这部分内容聚焦于语法点的特性及用法说明，并非系统而全面的语法知识介绍。为便于初等和中等水平学习者理解，初等和中等分册的“基本语义及用法”配有英文翻译。“典型例句和对话”将语法点与应用实践相结合，是二语习得养成观的直接体现。典型例句的编写注重典型性、常用性和多样性，每个语法点配有三个典型例句，首选“语法等级大纲”中的例句，再增补其他典型用法的例句。针对每个典型例句，均设置了典型、实用的交际场景，将典型例句放在对话中，为语法点的使用提供了直观、真实的环境。“补充例句”是对“典型例句和对话”的进一步拓展与补充。补充例句的编写注重学习者的习得规律与学习需求，力求从不同角度呈现语法点的语义、句法和语用功能。每个语法点配有六个补充例句，例句用词均在《等级标准》“词汇表”范围内，目标定位准确，符合学习者的中文水平。“结构特点”是对语法结构的简要说明，力求以符号化的公式来归纳语法点的结构形式，以降低语法学习的难度，简明易懂。编者在这部分使用的语法术语缩略形式，将以表格形式汇总附在书后，以便学习者查阅。“小提示”是对语法点的补充说明，主要是对一些形式相近的语法点或语法点的常见偏误进行相关提示，内容精练，针对性强，便于学习者了解语法学习的重点与难点。

本书在详解语法点之外，还对一些知识性、理论性较强的语法点，如词类、复句等，进行了聚类汇总，以“附录”形式简明扼要地呈现出来，以求学习者能一目了然，便于理解和掌握。另外，本书还特别设置了“索引”，按语法点的首字音序排列，便于学习者快速查阅各类语法项目及语法点，也便于学习者对本书全部语法点的分布情况进行宏观把握。

编者从教学实际出发，力求编制一本既便于学习者自学，又能指导年轻教师教学的“好懂、好学、好用”的语法学习用书，希望能为国际中文语法学习与教学提供一定的参照与支持。本书尽量用最简洁、最浅显的语言对语法点进行解释说明；例句从多角度展示语法点的各种常用用法，以便学习者能够通过反复诵读，达到举一反三、自然习得的效果。此外，本书还为“典型例句和对话”“补充例句”部分配备了音频，学习者可以听说结合，以达到更好的学习效果。

本书从策划到出版，得到了数位前辈时贤的指点，也得到了出版社编辑和审校人员的专业建议，在此谨一并致谢！如何将庞杂的语法知识以直观的方式体现出来，为学习者创设自然习得的典型场景，一直是编者在成书过程中着重思考、反复讨论的问题，尽管做了很多尝试与努力，但仍存在一些不足，恳请广大读者批评指正。

编者

2022 年 8 月

目 录

七—九级语法点

附　录

七一九级 语法点

1 能愿动词：需

【七—九 001】

◎ 基本语义及用法

能愿动词，意思是“需要”。一般用于书面语或正式语体。

◎ 典型例句和对话

例句	交际实践
①您父亲的身体需休养一段时间。	（在医院，医生向患者家属说明病情） 医生：**您父亲的身体需休养一段时间**，出院后多注意休息。 家属：好的，谢谢您！
②我们仍需耐心等待。	（在办公室，询问测试结果） A：测试结果出来了吗？ B：没有，**我们仍需耐心等待**。
③那个考核挺简单的，你不需投入太多的时间和精力。	（在公司，讨论如何准备考核） A：除了这些工作，我还得准备下周的考核呢。 B：**那个考核挺简单的，你不需投入太多的时间和精力**。

◎ 补充例句

①这种药品需存放在冰箱中。
②考生需提前一刻钟到达考场。
③如需了解更多信息，请跟人事部门联系。
④我们在国际机场买的化妆品，不需交关税。
⑤有些酒店退房手续很简单，不需查房。
⑥大夫，我这种情况需不需复查？

◎ 结构特点

①肯定形式：
S + 需 + VP
这种药品　需　存放在冰箱中。

②否定形式：

S + 不 + 需 + VP

你　不　需　投入太多的时间和精力。

③正反疑问形式：

S + 需 + 不 + 需 + VP？

我这种情况　需　不　需　复查？

小提示

“需”只能用“不”否定，不能说“没需”。例如：

* 有些酒店退房手续很简单，没需查房。

有些酒店退房手续很简单，不需查房。

2 疑问代词：何

【七—九 002】

◎ 基本语义及用法

疑问代词，相当于“什么、哪里、为什么”。一般用于书面语。

◎ 典型例句和对话

例句	交际实践
①我们何时出发？	（在微信上，询问出发时间） A：**我们何时出发？** B：通知上说是十点。
②我们人类从何而来，到何处去？	（在教室，讨论哲学问题） 老师：**我们人类从何而来，到何处去？**这是古典哲学家经常思考的问题。 学生：我也经常思考这样的问题，看来我有成为哲学家的基础啊。
③我这样做有何不可？	（在办公室，争论） A：我不同意你那么做。 B：**我这样做有何不可？**

◎ **补充例句**

①写记叙文一定要交代清楚何时、何地、何人、何事。
②无论大家有何意见，都可以提出来讨论。
③不管你有何疑问，都可以到办公室找我。
④改变大众的传统观念谈何容易？
⑤何种水对身体更有益？
⑥谁能告诉我情为何物？

◎ **结构特点**

“何”常作定语、宾语。

①何 + N
我们 何 时 出发？
写记叙文一定要交代清楚 何 时、何 地、何 人、何 事。
② S + V + 何 + VP/AP ？
我这样做 有 何 不可？
改变大众的传统观念 谈 何 容易？

3 指示代词（1）：该 【七—九 003】

◎ **基本语义及用法**

指上文说过的人或事物，相当于“这”。一般用于书面语。

◎ **典型例句和对话**

例句	交际实践
①该企业解决了当地很多人的就业问题。	（在车上，给他人介绍企业） A：前面就是我们当地规模最大的企业。 B：我听说，**该企业解决了当地很多人的就业问题。**
②该学生学习努力，成绩优秀，值得推荐。	（在会议室，陈述推荐他人的理由） 张主任：下面请老师们推荐本年度的优秀毕业生。 李老师：我推荐大卫，**该学生学习努力，成绩优秀，值得推荐。**

③该地风景优美，交通便利，适合发展旅游业。	（在电视上，说明城市发展规划） 记者：考察这个城市之后，您有什么建议？ 专家：**该地风景优美，交通便利，适合发展旅游业。**

◎ 补充例句

①他们新成立了一家公司，但该公司在上海没有业务。
②王强去年考入我校，该生遵守纪律，学习认真，尊敬师长，团结同学。
③我们下周要去伦敦男子中学访问，该校已有五百多年的历史。
④我们现在前往参观的是非洲馆，该馆建立于2018年。
⑤获奖证书已经扫描整理成一个文件，请你将该文件交给有关人员保存。
⑥李天明是我校中文系教师，请贵部门协助该教师办理出国手续。

◎ 结构特点

“该”用于名词或名词性语素前边，整体主要作主语、宾语。

①该 + N + VP
该　学生　学习努力，成绩优秀，值得推荐。
该　校　已有五百多年的历史。
②……Prep/V + 该 + N……
请你　将　该　文件　交给有关人员保存。
请贵部门　协助　该　教师　办理出国手续。

4 指示代词（2）：另　【七—九 003】

◎ 基本语义及用法

意思是“另外”。用于书面语。

◎ 典型例句和对话

例句	交际实践
①我们说的是另一回事。	（在教室，回答聊天儿内容） A：你们在讨论奖学金吗？ B：**不是，我们说的是另一回事。**

例句	交际实践
②这一份给您，另一份麻烦您带给李经理。	（在公司，请他人帮忙带材料） A：这些东西都是需要带给李经理的吗？ B：**这一份给您，另一份麻烦您带给李经理。**
③她拿走的不是这本书，是另一本书。	（在图书馆，回答借书信息） A：她当时是不是拿走了这本书？ B：**她拿走的不是这本书，是另一本书。**

◎ 补充例句

①今天我们打算走另一条路回家。
②我们有两位老师，一位老师教综合课，另一位老师教口语课。
③我买了两件，一件自己穿，另一件准备送给好朋友。
④这间是主卧，比较大，另两间都比较小。
⑤中间那位是我们较长，另两位是副校长。
⑥今天到场的另一位嘉宾是北京大学中文系的王教授。

◎ 结构特点

"另"一般用于数量短语前边作定语。

①另 + NumP（+ N）
我们说的是　另　一回　事。
这间是主卧，比较大，另　两间　都比较小。
② NumP + ……，另 + NumP……
我们有两位老师，一位　老师教综合课，另　一位　老师教口语课。
我买了两件，一件　自己穿，另　一件　准备送给好朋友。

5 程度副词：极为 【七一九 005】

◎ 基本语义及用法

表示某种性状的程度达到极点。一般用于书面语。

◎ 典型例句和对话

例句	交际实践
①齐白石是极为杰出的画家。	（在博物馆，谈论画家） 安娜：这幅中国画真好看，作者是齐白石。 王强：**齐白石是极为杰出的画家**，这是他的代表作之一。
②新能源汽车的发展前景极为广阔。	（在会议室，介绍汽车行业发展前景） A：**新能源汽车的发展前景极为广阔。** B：是，目前国家也在大力支持新能源汽车产业的发展，促进汽车消费。
③我们对此极为重视，一定能按时完成。	（打电话，沟通项目完成情况） A：这个项目极为重要，你们有信心完成吗？ B：**我们对此极为重视，一定能按时完成。**

◎ 补充例句

①她的态度极为诚恳。
②你这个决定极为正确。
③他们在灾难面前表现得极为勇敢。
④看了这个电影，大家极为感动。
⑤我们极为讨厌不讲诚信的人。
⑥她讲的这番话极为有水平。

◎ 结构特点

① S + 极为 + Adj
新能源汽车的发展前景　极为　广阔。
② S + 极为 + VP
我们　极为　讨厌不讲诚信的人。
她讲的这番话　极为　有水平。

小提示

“极为”不能修饰单音节词语，只能修饰多音节词语。例如：
* 你这个决定极为对。
你这个决定极为正确。

6 程度副词：尽（jǐn）

【七—九 006】

◎ 基本语义及用法

意思是“最”，用在方位名词前边。一般用于口语。

◎ 典型例句和对话

例句	交际实践
①坐在尽前头的是我女朋友。	（在教室，向他人介绍女朋友） A：你看，坐在尽前头的是我女朋友。 B：哇，你的女朋友真漂亮。
②尽北边有一个空位，你可以考虑那个位置。	（在图书馆，找位置） 安娜：我想找一个安静一点儿的座位。 王强：尽北边有一个空位，你可以考虑那个位置。
③洗手间在走廊的尽东边。	（在大楼里，问路） A：请问，去洗手间怎么走？ B：你上二楼，洗手间在走廊的尽东边。

◎ 补充例句

①你把垃圾桶放到花园的尽后头去。
②我把不常用的书放在书架的尽上头。
③书架的尽下头可以放些杂志什么的。
④体育馆在学校的尽西边。
⑤我明天在五层尽东边的教室上课。
⑥你往南走，走到尽南边就能看见文学楼。

◎ 结构特点

“尽”一般用于双音节方位名词前边。

尽＋$N_{方}$
尽　北边　有一个空位。
洗手间在走廊的　尽　东边。

7 程度副词：蛮 【七—九 007】

◎ 基本语义及用法

相当于“很、挺”，表示某种性状的程度高。一般用于口语，带有方言色彩。

◎ 典型例句和对话

例句	交际实践
①她的分数蛮高的，大学肯定能考上。	（在办公室，咨询填报大学志愿） 家长：老师，我女儿这个成绩能考上大学吗？ 老师：**她的分数蛮高的，大学肯定能考上。**
②昨天刚下完雪，今天外边蛮冷的。	（在家，谈论天气） A：我们出去走走吧！ B：**昨天刚下完雪，今天外边蛮冷的。**我们就别出去了。
③他们四川人都蛮能吃辣的。	（在饭馆，边等朋友边点菜） A：你朋友能吃辣的菜吗？ B：没问题，**他们四川人都蛮能吃辣的。**

◎ 补充例句

①这件衣服蛮贵的。
②这个牌子的饼干蛮好吃的。
③我们家人都蛮喜欢他的。
④这个老师蛮理解我们留学生的。
⑤这部电影蛮有意思的。
⑥他们对这个方案蛮感兴趣的。

◎ 结构特点

“蛮”主要修饰形容词或动词性成分，后边经常出现结构助词“的”。

① S + 蛮 + Adj + 的
她的分数　蛮　高　的。
这个牌子的饼干　蛮　好吃　的。

②S＋蛮＋VP＋的
我们家人　都　蛮　喜欢他　的。
这部电影　蛮　有意思　的。

8 程度副词：颇 【七一九 008】

◎ 基本语义及用法

相当于“很、相当地”，表示某种性状的程度很高。一般用于书面语。

◎ 典型例句和对话

例句	交际实践
①我对这部电影的印象颇深。	（在家，讨论电影细节） 妻子：没想到你还记得这么多细节。 丈夫：**我对这部电影的印象颇深。**
②他对导游这份工作颇有兴趣。	（在景点，谈论孩子对工作的兴趣） 妻子：我看儿子很适合做导游。 丈夫：是啊，**他对导游这份工作颇有兴趣。**
③她的研究在学术界颇具影响。	（在图书馆，谈论他人的学术影响） A：王老师在这个领域发表了这么多论文呢。 B：是啊，**她的研究在学术界颇具影响。**

◎ 补充例句

①高层视野颇佳，低层上下便利。
②这段话让人颇难理解。
③那几位老人的身体颇为健康。
④王老师对这个课题颇感兴趣。
⑤我爸爸对钓鱼颇有研究。
⑥这是颇为复杂的工作，需要提前做精心准备。

◎ 结构特点

“颇”用在形容词或动词性成分前作状语。

① S + 颇 + Adj

高层视野　颇　佳，低层上下便利。

我对这部电影的印象　颇　深。

② S + 颇 + VP

他　对导游这份工作　颇　有兴趣。

她的研究　在学术界　颇　具影响。

小提示

“颇”一般修饰单音节形容词或动词，如果修饰双音节形容词，后边经常加“为”。例如：

* 那几位老人的身体颇健康。

那几位老人的身体颇为健康。

9 程度副词：稍稍　【七—九 009】

◎ 基本语义及用法

表示程度不高，数量不多，时间不长等。

◎ 典型例句和对话

例句	交际实践
①听了他的话，我稍稍松了一口气。	（在派出所外边，安慰他人） A：警察不是说了吗？你挂失身份证非常及时，不要太担心了。 B：嗯。**听了他的话，我稍稍松了一口气。**
②上海的夏天又闷又热，稍稍一动就会出汗。	（在咖啡厅，谈论天气） A：**上海的夏天又闷又热，稍稍一动就会出汗。** B：是啊，幸好现在有空调。真不敢想象以前上海人是怎么过夏天的。

例句	交际实践
③我刚开完会，稍稍有点儿疲惫。	（在公司，沟通时间安排） 李秘书：王总，您现在有时间吗？ 王总：**我刚开完会，稍稍有点儿疲惫**，让他们下午再来吧。

◎ 补充例句

①听了你的话，我的心情稍稍平静一些了。
②这几个学生在学习上稍稍有些吃力。
③这个地方稍稍改动一下儿会更好。
④请您稍稍等一会儿，司机马上就来。
⑤你的桌子可以稍稍挪一挪吗？
⑥李老师稍稍一看就知道是怎么回事。

◎ 结构特点

“稍稍”一般用在动词或形容词前边，作状语，后边一般要有表示少量的词语。

① S + 稍稍 + V + 一下儿 / 一会儿 / 一（+ M + N）
这个地方　稍稍　改动　一下儿　会更好。
请　您　稍稍　等　一会儿，司机马上就来。
听了他的话，我　稍稍　松了　一　口　气。
② S + 稍稍 + V—V
你的桌子　可以　稍稍　挪一挪　吗？
③ S + 稍稍 + 一 + V + 就 + VP
李老师　稍稍　一　看　就　知道是怎么回事。
④ S + 稍稍 + 有点儿 / 有些 + Adj
我　刚开完会，稍稍　有点儿　疲惫。
这几个学生　在学习上　稍稍　有些　吃力。
⑤ S + 稍稍 + Adj + 一点儿 / 一些
今天美元的汇率　比昨天　稍稍　高　一点儿。
听了你的话，我的心情　稍稍　平静　一些　了。

小提示

（1）“稍稍”后边不能是单个动词或形容词。例如：

* 您稍稍等。

您稍稍等一会儿。

（2）“稍稍”还可以用于“稍稍 + 不 + 小心 / 注意 + 就……”中。如：

雪后路滑，稍稍不小心就会摔跤。

我的肠胃有点儿弱，稍稍不注意就会拉肚子。

10 程度副词：尤为 【七—九 010】

◎ 基本语义及用法

相当于“特别”，表示在全体中或跟其他事物比较时特别突出。一般用于书面语。

◎ 典型例句和对话

例句	交际实践
①葡萄中的维生素含量尤为丰富。	（在家，讨论水果的营养价值） A：你最近怎么天天都买葡萄啊？ B：你知道吗？**葡萄中的维生素含量尤为丰富。**
②他对自己的要求尤为严格。	（在办公室，谈论他人的工作态度） A：我昨晚走的时候，看到王老师还在办公室加班。 B：我也经常看到他在加班，**他对自己的要求尤为严格。**
③在这些展览作品中，这件作品尤为引人注目。	（在美术馆，评价展览情况） A：这次的展览作品质量很高，观众和新闻媒体的评价都很不错。 B：是啊。**在这些展览作品中，这件作品尤为引人注目。**

◎ 补充例句

①这些柏树是同一年种的，但是这一棵尤为高大。

②要想身体健康，保证充足的睡眠尤为重要。

③尤为奇妙的是，我在旅行途中遇到了毕业后再没见过面的大学同学。

④你这次的作文写得尤为出色。
⑤我尤为佩服那些在职读博士的人。
⑥我们姐妹中，妈妈尤为牵挂长期在外地打工的老三。

◎ 结构特点

"尤为"用在形容词或动词性成分前边，作状语。

① S + 尤为 + Adj
葡萄中的维生素含量　尤为　丰富。
他对自己的要求　尤为　严格。
② S + 尤为 + VP
我　尤为　佩服那些在职读博士的人。
在这些展览作品中，这件作品　尤为　引人注目。

小提示

"尤为"一般不修饰单音节的词语。例如：
* 你这次的作文写得尤为好。
你这次的作文写得尤为出色。

11 程度副词：越发 【七—九 011】

◎ 基本语义及用法

相当于"更加"，表示与过去相比，程度进一步加深。一般用于书面语。

◎ 典型例句和对话

例句	交际实践
①好久没见，你怎么越发瘦了？	（在酒店，与老朋友打招呼） A：老朋友，终于又见面啦！ B：是啊。**好久没见，你怎么越发瘦了？**
②听到这个消息，同学们越发有热情了。	（在办公室，讨论学生对实习的态度） 李老师：同学们都知道提前实习的消息了吗？ 班长：是的。**听到这个消息，同学们越发有热情了。**

例句	交际实践
③年纪大了，他越发不喜欢出去旅行了。	（在家，讨论对旅行的态度） 妈妈：爷爷答应跟我们一起去西安旅行了吗？ 爸爸：没有。**年纪大了，他越发不喜欢出去旅行了。**

◎ **补充例句**

①过了五一，天气越发热了。
②现在爸爸的精力比过去越发充沛了。
③孩子上高中后，她越发操心孩子的学习了。
④我现在越发害怕传染上这种病了。
⑤别紧张！你越紧张，越发说不出话来了。
⑥我越往前走，越发觉得这个地方有些危险。

◎ **结构特点**

“越发”用于比较句，句中一般要出现两个不同的时间，有时表示两个时间的成分在上下文中可以省略。句末通常出现语气助词“了”。

① S + T_1（+ 比 + T_2）+ 越发 + Adj/VP + 了
我　现在　越发　害怕传染上这种病　了。（= 我现在比以前越发害怕传染上这种病了。）

② T_1，S（+ 比 + T_2）+ 越发 + Adj/VP + 了
现在　爸爸的精力　比　过去　越发　充沛　了。
过了五一，天气　越发　热　了。（= 过了五一，天气比以前越发热了。）
孩子上高中后，她　越发　操心孩子的学习　了。（= 孩子上高中后，她比以前越发操心孩子的学习了。）

③ S + 越 + Adj_1/VP_1，越发 + Adj_2/VP_2（+ 了）
你　越　紧张，越发　说不出话来　了。
我　越　往前走，越发　觉得这个地方有些危险。

小提示

“越发”只能表示同一事物的进一步变化，两种事物比较时要用“更、更加”。例如：

A：这两个人，你觉得谁比较适合这项工作？

B：* 相比之下，小王越发适合这项工作。

相比之下，小王更 / 更加适合这项工作。

12 范围、协同副词：凡 【七—九 012】

◎ 基本语义及用法

意思是“凡是、只要是”，总括某个范围内的一切。

◎ 典型例句和对话

例句	交际实践
①凡事自己努力去做了就好。	（在家，鼓励孩子轻松应考） 儿子：妈妈，我这次太紧张了，可能考得不好。 妈妈：一次考不好没关系，**凡事自己努力去做了就好**。
②凡年龄满十八岁的公民都有选举与被选举的权利。	（在教室，谈论选举权利） 教师：我们复习一下儿，什么人有选举与被选举的权利？ 学生：**凡年龄满十八岁的公民都有选举与被选举的权利**。
③凡没交作业的同学在放学后留下来。	（在办公室，给班长布置工作） 班长：老师，这是作业本，还有五个同学没有交。 王老师：你通知一下儿，**凡没交作业的同学在放学后留下来**，我带他们一起做。

◎ 补充例句

①凡有用的建议，我们都要虚心地接受。

②凡以前做错的题，你们全要认真复习。

③凡去过的景点，她都认真做了记录。

④凡在校学生都可以在图书馆免费借书。

⑤凡重要内容，老师都会强调好几遍。

⑥凡不健康的食品，都不要让孩子们吃。

◎ **结构特点**

“凡”后边是名词性成分，句子中一般会有“全”或“都”与之搭配。

凡 + NP + 全 / 都 + VP
凡　事　都　要自己努力去做。
凡　年龄满十八岁的公民　都　有选举与被选举的权利。

13 范围、协同副词：皆　【七—九 013】

◎ **基本语义及用法**

意思是“都、都是”，表示总括。一般用于书面语。

◎ **典型例句和对话**

例句	交际实践
①这已是人人皆知的事实。	（在家，谈论电视新闻中的人物） 丈夫：听说他把自己的全部收藏都捐给了社会。 妻子：这已是人人皆知的事实。
②这个比赛十六到十九岁的青少年皆可报名参加。	（在校园，说明报名条件） A：通知上说报名条件了吗？ B：说了，这个比赛十六到十九岁的青少年皆可报名参加。
③只要你努力，一切皆有可能。	（在教室，鼓励他人的梦想） A：我的梦想是毕业后创业当老板。 B：只要你努力，一切皆有可能。

◎ **补充例句**

①人人皆是自己的主人。

②很多外国人以为中国人皆会功夫。
③运动员们在本次比赛中皆有收获。
④他们的选手在初赛中皆被淘汰。
⑤二十分钟的表演转眼结束，观众皆感意犹未尽。
⑥看着她得到的奖品，大家皆开心不已。

◎ 结构特点

“皆”一般用在形容词性成分或动词性成分前，作状语。

S + 皆 + AP/VP
看着她得到的次品，大家　皆　开心不已。
一切　皆　有可能。
十六到十九岁的青少年　皆　可报名参加。

小提示

“皆”后边的动词一般是单音节的。例如：
* 这个比赛十六到十九岁的青少年皆可以报名参加。
这个比赛十六到十九岁的青少年皆可报名参加。

14 范围、协同副词：统统　【七—九 014】

◎ 基本语义及用法

表示全部，强调一个不剩，没有例外。一般用于口语。

◎ 典型例句和对话

例句	交际实践
①我们不得不承认这些材料统统没有价值。	（在会议室，陈述会议材料的用途） A：我们不得不承认这些材料统统没有价值。 B：虽然如此，我建议还是把这些材料保存好，万一对别的项目有用呢？

例句	交际实践
②时间、地点、人物、事件，她统统不记得。	（在公安局，交流案件情况） 警察A：**时间、地点、人物、事件，她统统不记得。** 警察B：让她待着好好回忆一下儿，我们有的是时间。
③这些事情统统由你负责。	（在办公室，分配任务） 晓雨：整理资料、编辑资料、打印资料这些任务我们分一下儿吧。 王强：**这些事情统统由你负责**，我负责联系专家、预定会议室。

◎ 补充例句

①警察将收来的盗版图书和光盘统统销毁了。
②你把这些坏了的玩具统统扔到垃圾桶里去。
③他们也不细分，把大的小的统统放在一起出售了。
④我们将那些历史资料统统扫描并整理成了电子档案。
⑤这些事情你统统没有印象了吗？
⑥我想把这些书统统捐赠给学校图书馆。

◎ 结构特点

“统统”一般在动词性成分前作状语，其语义指向的对象要出现在“统统”的前边。

① S + 统统 + VP
这些材料　统统　没有价值。
这些事情　统统　由你负责。
② S（+ 把 / 将）+ NP + 统统 + VP
你　把　这些坏了的玩具　统统　扔到垃圾桶里去。
警察　将　收来的盗版图书和光盘　统统　销毁　了。
③ S_1 + S_2 + 统统 + VP
时间、地点、人物、事件，她　统统　不记得。
这些事情　你　统统　没有印象　了　吗？

15 范围、协同副词：唯独 【七—九 015】

◎ 基本语义及用法

意思是“只、单单”，表示限制范围。

◎ 典型例句和对话

例句	交际实践
①全班同学都在认真听讲，唯独他在睡觉。	（在办公室，说明上课情况） 王老师：**全班同学都在认真听讲，唯独他在睡觉。** 李老师：他平时挺认真的，可能有什么特殊情况，我等一下儿找他聊一聊。
②这个消息众所周知，唯独你还被蒙在鼓里。	（在教室，谈论班级发生的事情） A：咱们班里竟然发生了这么有趣的事情，我怎么不知道啊！ B：**这个消息众所周知，唯独你还被蒙在鼓里。**
③别的都可以，我唯独不能吃花生，吃了会过敏。	（在饭馆，说明不能吃什么） A：你有什么忌口的？ B：**别的都可以，我唯独不能吃花生，吃了会过敏。**

◎ 补充例句

①这次考试唯独班长考了满分。
②其他东西丢了不要紧，唯独护照千万不能丢。
③别的事还不着急，唯独这件事必须赶紧做。
④我唯独忍受不了别人唠叨。
⑤不知怎么回事，我唯独忘了给她准备礼物。
⑥我不太喜欢做家务，唯独洗衣服是例外。

◎ 结构特点

“唯独”可以用在主语前边，也可以用在主语后边，在句中作状语。

①唯独 + S + VP
全班同学都在认真听讲，**唯独**　**他**　**在睡觉**。

② S + 唯独 + VP
我　唯独　忍受不了别人唠叨。

小提示

“唯独”用在主语前，语义指向主语；用在主语后，语义指向动词。例如：
唯独我忍受不了别人唠叨。（表示其他人都可以忍受。）
我唯独忍受不了别人唠叨。（表示我其他事情都可以忍受。）

16 时间副词：历来 【七—九 017】

◎ 基本语义及用法

意思是“从来”，表示从以前到现在。

◎ 典型例句和对话

例句	交际实践
①王老师历来重视培养学生的口语能力。	（在办公室，谈论老师上课情况） 教师 A：王老师上节课带学生练了话剧。 教师 B：是的，王老师历来重视培养学生的口语能力。
②流行歌曲历来是社会文化不可以缺少的一部分。	（在 KTV，谈论对流行歌曲的态度） A：没想到你会唱这么多流行歌曲。 B：我认为流行歌曲历来是社会文化不可以缺少的一部分。
③他历来都是从容不迫的样子。	（在公司，谈论应对危机的态度） A：这次公司出事，多亏了老板冷静应对，才没出更大的问题。 B：是啊，无论发生什么事，他历来都是从容不迫的样子。

◎ **补充例句**

①中国人历来喜欢彬彬有礼的君子。
②这个奖项历来是颁发给优秀留学生的。
③她历来不愿跟别人发生争执。
④这个江南小镇历来是远近闻名的景点。
⑤他做事的原则历来是精益求精。
⑥我历来不屑与小人来往。

◎ **结构特点**

时间副词“历来”一般用在主语后、动词性成分前，作状语。

S + 历来 + VP
王老师　历来　重视培养学生的口语能力。

小提示

“历来”与否定词“不”或“没”同现时，否定词“不”或“没”必须用在“历来”之后。例如：

* 她不历来愿跟别人发生争执。
她历来不愿跟别人发生争执。
* 这孩子没历来吃过苦。
这孩子历来没吃过苦。

17 时间副词：尚　【七—九 018】

◎ **基本语义及用法**

相当于“还、仍旧”，表示现象继续存在或动作继续进行。一般用于书面语。

◎ **典型例句和对话**

例句	交际实践
①这个调查到现在为止尚无进展。	（在会议室，讨论调查进展） A：**这个调查到现在为止尚无进展。** B：是不是我们的调查方向错了？我建议我们重新梳理线索。

例句	交际实践
②这个问题想研究明白，尚需努力。	（在实验室，鼓励学生） 导师：**这个问题想研究明白，尚需努力。** 学生：谢谢老师的指导，我一定努力，早日把这个问题弄清楚。
③我们尚未收到相关通知。	（在办公室，谈论奖学金申请情况） 学生：李老师，奖学金申请结果下来了吗？ 李老师：**我们尚未收到相关通知。**

◎ 补充例句

①现在下结论为时尚早。
②孩子尚幼，需要照顾，我得兼顾家庭和工作。
③如果你尚有余力，可以帮助一下儿同事。
④这个问题尚待领导研究、决定。
⑤那时她尚未回国。
⑥目前资金尚缺五十万。

◎ 结构特点

①肯定形式：
a. S＋尚＋V＋O
这个问题　尚　待　领导研究、决定。
目前　资金　尚　缺　五十万。
b. S＋尚＋Adj
孩子　尚　幼，需要照顾。
现在下结论　为时　尚　早。
②否定形式：
S＋尚＋无 / 未＋VP
这个调查　到现在为止　尚　无　进展。
那时　她　尚　未　回国。

小提示

“尚”后边一般是单音节的词或语素。例如：

* 孩子尚幼小，需要照顾。
孩子尚幼，需要照顾。

* 这个问题尚等待领导研究、决定。
这个问题尚待领导研究、决定。

* 那时她尚没有回国。
那时她尚未回国。

18 时间副词：向来 【七一九 019】

◎ 基本语义及用法

意思是“从来、一向”，表示情况一直和以前一样，没有发生改变。

◎ 典型例句和对话

例句	交际实践
①他这个人向来言行一致，怎么说就怎么做。	（在学校，谈论同学） A：麦克在同学中威信还挺高的。 B：是啊，**他这个人向来言行一致，怎么说就怎么做**，同学们都愿意和他交朋友。
②他向来第一个到学校，从未迟到过。	（在办公室，谈论同事迟到） 教师 A：都九点了，王老师怎么还没来学校？ 教师 B：**他向来第一个到学校，从未迟到过**。是不是出事了？
③他做事向来干净利落，又善于交际，你可以相信他。	（在学校，分配工作任务） A：来宾的接待工作交给大卫，怎么样？ B：我觉得没问题。**他做事向来干净利落，又善于交际，你可以相信他**。

◎ 补充例句

①我向来不做损人利己的事情。
②这个班的学习风气向来很好。
③你向来不爱管别人的事，这次怎么这么热心？
④他向来喜欢开玩笑，你别生气。
⑤爷爷向来喜欢去公园里练太极拳。
⑥她买衣服的时候向来喜欢货比三家。

◎ 结构特点

时间副词“向来”用在主语后、动词性成分前，作状语。

S + 向来 + VP
他　向来　喜欢开玩笑，你别生气。

小提示

“向来”与否定词“不、没”同现时，否定词“不、没”要放在“向来”之后。例如：
* 我不向来做损人利己的事情。
　我向来不做损人利己的事情。
* 他说话没向来逻辑。
　他说话向来没逻辑。

19 频率、重复副词：频频 【七—九 020】

◎ 基本语义及用法

意思是“连续不断地、多次地”，表示动作在一定时间内经常发生。一般用于书面语。

◎ 典型例句和对话

例句	交际实践
①他频频与朋友们以及他的竞争者打招呼。	（在饭店，谈论大卫的行为） A：大卫今天看起来跟往常不一样。 B：是啊，你看，他频频与朋友们以及他的竞争者打招呼，太奇怪了。

例句	交际实践
②气氛十分热烈，大家频频举杯，互相祝福，说笑不停，非常高兴。	（在家，讨论聚会氛围） 妻子：你们今天晚上的聚会怎么样？ 丈夫：**气氛十分热烈，大家频频举杯，互相祝福，说笑不停，非常高兴。**
③这个路段很危险，频频发生交通事故，你一定要小心。	（在车里，提醒驾驶员注意安全） A：**这个路段很危险，频频发生交通事故，你一定要小心。** B：知道了，我一定会小心的。

◎ 补充例句

①大学生上当受骗的案件频频发生，我们一定要警惕。
②他的发言很有道理，引得大家频频点头。
③他最近状态不好，工作的时候频频失误。
④她频频改变自己的想法，我们要尽快让她确定下来。
⑤因为舍不得家人，她离开的时候频频回头。
⑥这两个国家的边界频频发生冲突，他们的关系不断恶化。

◎ 结构特点

频率副词“频频”一般用在主语后、动词性成分前，作状语。

S + 频频 + VP
他　频频　与朋友们以及他的竞争者们打招呼。
她　频频　改变自己的想法，我们要尽快让她确定下来。

小提示

“频频”不能出现在否定句中。例如：

* 他频频不来学校。
　他经常不来学校。
* 小王频频不吃早饭。
　小王经常不吃早饭。

20 频率、重复副词：再度

【七—九 021】

◎ 基本语义及用法

相当于“第二次、又一次”，表示事情再次、又一次发生。一般用于书面语。

◎ 典型例句和对话

例句	交际实践
①我们部门再度获得“优秀集体”的称号。	（在办公室，谈论考核结果） A：这次的考核成绩出来了，你负责的部门又是第一名。 B：**我们部门再度获得“优秀集体”的称号**，我很高兴。
②两位好友三十年后再度相遇。	（在咖啡厅，谈论与老友见面的心情） A：你昨天去见那位老朋友了吗？感觉怎么样？ B：我们**两位好友三十年后再度相遇**，心情都很激动。
③领导再度强调要重视产品质量。	（在公司，讨论会议内容） A：昨天会议的中心内容是什么？ B：**领导再度强调要重视产品质量。**

◎ 补充例句

①这次他再度获得演讲比赛的冠军。
②雪被清理干净后，道路再度变得畅通起来。
③当灾难再度来临时，我们要勇于面对。
④看了这部电影，我再度陷入沉思。
⑤他说这几天状态不好，昨晚睡觉时他再度感觉到不安。
⑥她再度被评为“优秀教师”。

◎ 结构特点

重复副词“再度”一般用在主语后、动词性成分前，作状语。

S + 再度 + VP
我们部门　再度　获得“优秀集体”的称号。
两位好友　三十年后　再度　相遇。

雪被清理干净后，道路 再度 变得畅通起来。

小提示

频率、重复副词“再度”只能用在主语后、谓语动词前，不能用在主语前。例如：

* 今年再度他获得演讲比赛的冠军。

今年他再度获得演讲比赛的冠军。

21 关联副词：亦 【七—九 022】

◎ 基本语义及用法

表示同样，相当于关联副词“也”。一般用于书面语，在古文中常见，也常见于成语。

◎ 典型例句和对话

例句	交际实践
①此次的任务虽简单，亦应认真对待。	（在学校，强调认真对待工作） 老师：**此次的任务虽简单，亦应认真对待。** 班长：好的，我们一定认真完成这个任务。
②若能从失败中获得教训，失败亦是成功。	（在运动场，讨论比赛的教训） 运动员：对不起，教练，这次比赛又失利了。 教练：没关系，好好反思，**若能从失败中获得教训，失败亦是成功。**
③服务行业是这样，我们生产行业亦如此。	（在会议室，讲话强调信誉） A：信誉是我们服务行业的根本。 B：是的，不仅**服务行业是这样，我们生产行业亦如此。**

◎ 补充例句

①这篇文章内容丰富，文字亦很优美。

②番茄亦称西红柿，都是同一种东西。

③热闹而精彩的生活是幸福的，平淡的生活亦是一种幸福。

④近几年机器人在各行业推广迅速，亦十分深入。

⑤说话是一门艺术，它既能安慰人，亦能伤害人。

⑥在一定的语言环境中，表示假设义时，可用关联词语，也可不用，现代汉语如此，古代汉语亦如此。

◎ 结构特点

关联副词“亦”用在主语后、谓语前，作状语，谓语常为动词性成分、形容词性成分，还有少部分代词。当“亦”用在复句中的后一分句，且前后分句主语相同时，后一分句的主语可省略。

① S + 亦 + VP/AP/Pron

平淡的生活　亦　是一种幸福。

这篇文章内容丰富，文字　亦　很优美。

现代汉语如此，古代汉语　亦　如此。

② S + VP_1/AP_1，亦 + VP_2/AP_2

他　是我的老师，亦　是我的朋友。

近几年　机器人　在各行业　推广迅速，亦　十分深入。

小提示

《论语·学而》中的“不亦乐乎”的原意是“不也是很快乐的吗”，现常用于表示程度很深，多用在“得”字后作补语。例如：

他又是找投资商，又是去洽谈合作，整天跑上跑下，忙得不亦乐乎。

孩子们在地板上又闹又抱又滚，玩儿得不亦乐乎。

22 否定副词：未　【七—九 023】

◎ 基本语义及用法

与“已”相对，有“不、没有”的意思，表示否定或情况还没发生。一般用于书面语。

◎ 典型例句和对话

例句	交际实践
①他至今尚未和我联系。	（在公司，沟通与客户交流的情况） 职员：我早就把您的电话告诉客户了！ 经理：是吗？可**他至今尚未和我联系**。
②周六早上天还未亮我就起来学习了。	（在教室，讨论复习情况） A：期末考试复习得怎么样了？ B：我非常有信心，**周六早上天还未亮我就起来学习了**。
③未经允许，不能随便动别人的东西。	（在家，教育孩子） 妈妈：去别人家，**未经允许，不能随便动别人的东西**，知道了吗？ 孩子：知道了，我会注意的。

◎ 补充例句

①她三十未到就获得了事业上的成功。
②在这之前，我从未见过大海。
③我的护照丢了，至今还未找到。
④早上，家人还未起床，他就出去了。
⑤时机尚未成熟，我们还需要等待。
⑥未经同意，不得擅自离开工作岗位。

◎ 结构特点

否定副词“未”一般用在主语后、动词性成分或性质形容词前，作状语。

S + 未 + VP/Adj
时间　未　到，不要着急。
时机　尚　未　成熟，我们还需要等待。

23 否定副词：勿 【七—九 024】

◎ 基本语义及用法

表示劝阻或禁止，相当于“不要、别”。一般用于书面语或警示标语。

◎ 典型例句和对话

例句	交际实践
①希望各位勿忘十年后的约定。	（在同学聚会上，约定再相聚） 班长：**希望各位勿忘十年后的约定**，我们十年后再聚！ 同学们：十年后再聚！
②这里是公共场所，请勿吸烟。	（在饭店，提示他人禁止吸烟） 服务员：对不起，**这里是公共场所，请勿吸烟**。 客人：真不好意思，我这就把烟灭了。
③前方正在施工，请勿靠近。	（在路边，提醒他人道路施工） 工作人员：**前方正在施工，请勿靠近**。 行人：谢谢您的提醒。

◎ 补充例句

①本站文字、图片仅用于学习交流，勿作他用。
②工作时需保持清醒，切勿冲动。
③墙上挂着一个警示牌：请勿大声喧哗。
④请勿乱扔烟头，以免发生火灾。
⑤开车请勿饮酒，饮酒请勿开车。
⑥商店门前，请勿停车。

◎ 结构特点

否定副词“勿”一般用在主语后、动词性成分或性质形容词前，作状语。“勿”用于警示标语时，一般前加动词“请”。

①勿 + VP

本站文字、图片仅用于学习交流，**勿** 作他用。

②请 + 勿 + VP

商店门前，**请 勿** 停车。

24 方式副词：不由得 【七—九 025】

◎ 基本语义及用法

表示不能控制某种行为或情况的发生，有“不禁、忍不住”的意思。一般用于书面语，上下文中一般有控制不住的原因。

◎ 典型例句和对话

例句	交际实践
①看着照片，不由得回忆起伤心往事了。	（在家，看见奶奶流眼泪） 儿子：奶奶怎么哭了？ 妈妈：刚才奶奶翻出了一堆旧照片，**看着照片，不由得回忆起伤心往事了。**
②下午的考试我还没复习好，不由得紧张起来了。	（在教室，聊考试复习情况） A：你的脸色怎么这么难看？ B：**下午的考试我还没复习好，不由得紧张起来了。**
③这部电影太感人了，我不由得流泪了。	（看完电影回家路上，讨论电影） A：**这部电影太感人了，我不由得流泪了。** B：是啊，今天的电影的确很感人。

◎ 补充例句

①想起过去的苦难，他不由得掉下了眼泪。

②看着可爱的孩子们，她不由得笑了起来。

③听他这么一说，大家不由得哈哈大笑。

④今天心情很好，走在路上，我不由得哼起了歌。

⑤想着想着，我不由得问自己：我真的喜欢现在的生活吗？

⑥收到录取通知书的那一刻，我的心跳都不由得加快了。

◎ 结构特点

方式副词“不由得”一般用在主语后、表示动作行为或心理的动词性成分前，作状语。

S + 不由得 + VP
他　不由得　掉下了眼泪。

小提示

如果某一语言环境要求有“想竭力控制，但控制不住”义，则不能用“不由得”。例如：

* 姐姐竭力控制着自己，但是，她怎么也不由得流泪。
姐姐竭力控制着自己，但是，她怎么也禁不住流泪。

25 方式副词：顺便 【七—九 026】

◎ 基本语义及用法

表示趁着做某事的方便做另一件事。

◎ 典型例句和对话

例句	交际实践
①你去图书馆时，能不能顺便帮我借两本书？	（在教室，请求他人帮忙借书） A：我等会儿要去图书馆。 B：**那你去图书馆时，能不能顺便帮我借两本书？**
②我来上海出差，顺便来看望您。	（在老师家，看望老师） 老师：太感谢了，毕业这么多年了，还来看我。 学生：**您太客气了！我来上海出差，顺便来看望您。**

例句	交际实践
③明天我们一起吃晚饭吧，顺便再逛逛商场。	（打电话，邀请他人吃饭） A：**明天我们一起吃晚饭吧，顺便再逛逛商场。** B：好呀，我正想买件新衣服呢。

◎ 补充例句

①你下楼的时候，顺便把垃圾带下去吧。

②如果你明天要去超市，顺便帮我买支红圆珠笔吧。

③我在上学的路上顺便买了早饭。

④我去校门口拿快递，顺便把你的捎回来了。

⑤顺便问一下儿，我们这周五放假吗？

⑥公司下周派我去北京出差，我可以顺便去看看奶奶了。

◎ 结构特点

方式副词“顺便”一般修饰动词性成分，在句中作状语。当“顺便”用在复句中的后一分句，且前后分句的主语相同时，后一分句的主语可省略。

① S + 顺便 + VP

我　在上学的路上　顺便　买了早饭。

② S + VP_1，顺便 + VP_2

我　去校门口拿快递，顺便　把你的捎回来　了。

小提示

“顺便”可与言说类动词组成“顺便问一下儿、顺便一提、顺便一说”等，有篇章衔接功能。例如：

你的这些旅行计划都太棒了！顺便问一下儿，我们这周五放假吗？

妈妈，您来看我时什么都不用带，我什么都不要。顺便一提，我们这里这几天有点儿冷，您记得多穿点儿衣服。

这些产品是可以卖的。顺便一说啊，卖产品的所得，我们要用在公益事业上。

26 方式副词：一连 【七一九 027】

◎ 基本语义及用法

表示同一动作或同一情况接连发生，后面常有表示次数的数量。

◎ 典型例句和对话

例句	交际实践
①我太困了，这几天工作任务多，一连熬了三天夜。	（在办公室，说明熬夜原因） A：**我太困了，这几天工作任务多，一连熬了三天夜。** B：还是早点儿睡吧，别总开夜车。
②老师一连问了好几个问题，我都不知道怎么回答。	（在校园，讨论课堂问答情况） A：今天开学第一天，感觉怎么样啊？ B：别提了，上课的时候，**老师一连问了好几个问题，我都不知道怎么回答。**
③我们一连讨论了五六次。	（在公司，讨论方案） A：**我们一连讨论了五六次，**终于定了方案。 B：太好了，以后就按照这个方案做就行了。

◎ 补充例句

①一连下了三天雨，今天总算晴了。
②周末我一连写了三篇作文。
③太饿了，我一连吃了两大碗面。
④这篇文章我一连读了两遍都没读懂。
⑤我一连给他打了好几个电话都没人接。
⑥队员们的表现都十分出色，尤其是大卫，一连进了三个球。

◎ **结构特点**

方式副词“一连”一般用于主语后、“动词＋数量短语”前，作状语。

S＋一连＋V＋了＋NumP（＋O）				
雨	一连	下	了	三天。
我	一连	吃	了	两碗　面。

小提示

“一连”有时在口语中可说成“连”，此时“连”只能修饰单音节动词。

失恋之后，她连哭了好几天。

失恋之后，她一连哭了好几天。

* 我们连讨论了五六次。

我们一连讨论了五六次。

27 情态副词：按说 【七一九 028】

◎ **基本语义及用法**

表示依照事实或者情理来说，相当于“按道理说”。一般用于口语。

◎ **典型例句和对话**

例句	交际实践
①都这么大了，按说该懂事了。	（在家，讨论孩子的性格特点） 爸爸：咱儿子**都这么大了，按说该懂事了**，怎么还是那么幼稚呢？ 妈妈：孩子有自己的想法，我们多理解理解他。
②按说这次考试并不难，可为什么我的分数还是不高呢？	（在教室，讨论考试成绩） A：**按说这次考试并不难，可为什么我的分数还是不高呢？** B：也许是因为你不够细心。

例句	交际实践
③按说他早就应该到了，怎么还没来？	（在饭店，谈论同伴迟到原因） A：**按说他早就应该到了，怎么还没来？** B：可能是路上堵车了。

◎ 补充例句

①按说这个时候应该下雪了，可今年一场雪还没下。
②按说他应该考虑到了这些问题，怎么还会出这样的错呢？
③现在都十二点了，按说她早该睡觉了，别给她发短信了。
④现在都五月了，按说不应该这么冷了。
⑤这部电影很精彩，按说我不该越看越困。
⑥这是他所期盼的，按说他不会不同意的。

◎ 结构特点

情态副词“按说”一般放在句首，常常和能愿动词“该、应该、会”等共现。
（1）如果“按说”位于后一分句句首，语义上，前一分句常常是后一分句的原因。

（S_1 +）AP_1/NP_1/VP_1，按说（+ S_2）+ 该 / 应该 / 会 + AP_2/VP_2
都这么大　了，按说　该　懂事　了。
现在　都五月　了，按说　不应该　这么冷　了。
这　是他所期盼的，按说　他　不会不同意的。

（2）如果“按说”位于前一分句句首，后一分句常常是转折句。

按说 + S_1 + 该 / 应该 / 会 + VP_1，可 / 可是 / 怎么（+ S_2）+ VP_2
按说　这个时候　应该　下雪　了，可　今年一场雪　还没下。
按说　他　应该　考虑到了这些问题，怎么　还会出这样的错　呢？
按说　他　早就　应该　到　了，怎么　还没来？

小提示

“按说”可说成“按理说”。例如：
按理说他应该考虑到了这些问题，怎么还会出这样的错呢？
现在都十二点了，按理说她早该睡觉了，别给她发短信了。

28 语气副词：必定

【七—九 029】

◎ 基本语义及用法

根据客观事物的规律，对情况进行十分肯定的主观推测或判断；或表示说话人主动做出的保证，表达意志的坚决。

◎ 典型例句和对话

例句	交际实践
①只要坚持努力，最后必定有收获。	（在教室，安慰同学） A：唉，我这次又没考好。 B：别灰心，只要坚持努力，最后必定有收获。
②你见了必定会喜欢的。	（在家，讨论生日礼物） 爸爸：这次的生日礼物，你见了必定会喜欢的。 女儿：是吗？我好期待啊。
③您放心，我必定按时完成任务。	（在公司，表决心） 经理：小王，别忘了我交代给你的事。 小王：您放心，我必定按时完成任务。

◎ 补充例句

①坚持运动必定对身体大有益处。

②你听了这个消息必定高兴。

③她这么做，必定有她的道理。

④听他的口音，必定是南方人。

⑤只要我们队团结合作，最后必定能够取得胜利。

⑥我们这个月必定能提前完成计划。

◎ 结构特点

（1）语气副词“必定”用在主语后、动词性成分或形容词前，作状语。

(S +) 必定 + VP/Adj
只要我们队团结合作，最后 必定 能够取得胜利。
看到孩子的进步，家长 必定 高兴。

（2）“必定”表示说话人主动做出的保证时，主语一般为第一人称。

我 / 我们 + 必定 + VP
我 必定 按时完成任务。
我们 这个月 必定 能提前完成计划。

小提示

“必定”的语气比“一定、必然”都重，且“必然”没有“表示说话人主动做出的保证，表达意志的坚决”这一语义。例如：

* 您放心，我必然按时完成任务。
您放心，我必定按时完成任务。
您放心，我一定按时完成任务。

29 语气副词：不妨 【七—九 030】

◎ 基本语义及用法

表示可以这样做，没有什么妨碍。一般用于口语，有委婉地鼓动或建议的语气。

◎ 典型例句和对话

例句	交际实践
①关于这个问题，咱们不妨听一听别人的建议。	（在会议室，讨论方案） A：这个方案我总感觉不太理想。 B：关于这个问题，咱们不妨听一听别人的建议。
②你不妨对他直说，不必担心。	（在咖啡厅，建议他人坦白） A：我到底要不要告诉他这件事呢？ B：你不妨对他直说，不必担心。

例句	交际实践
③你的病已经好多了，下床走走也不妨。	（在家，建议妻子多走动） 丈夫：**你的病已经好多了，下床走走也不妨。** 妻子：我确实应该活动活动了。

◎ 补充例句

①没有做过的事不妨尝试一下儿，还能积累经验。

②你不妨也跟我一块儿去吧。

③你有什么不同意见，不妨现在提出来。

④这只是一次失败，不妨再多试几次。

⑤你现在又没事，去见见他也不妨。

⑥你跟他谈谈也不妨，问题总得解决。

◎ 结构特点

（1）语气副词“不妨”一般用在动词重叠式或动词性短语前，作状语。

S + 不妨 + V（一）V/VP
咱们　不妨　听一听　别人的建议。
你　不妨　尝试一下儿。

（2）“不妨”还可用在动词重叠式或动词性短语之后，此时“不妨”前面必须加副词“也”。

S + V（一）V/VP + 也 + 不妨
你　现在又没事，去　见见他　也　不妨。
你的意见　说出来　也　不妨。

小提示

“不妨”所修饰的动作行为都是还未实现的，因此“不妨”所修饰的动词后不能有“了、着、过”。例如：

*没有做过的事不妨尝试了 / 着 / 过。
没有做过的事不妨尝试一下儿。
*你的意见说了 / 着 / 过也不妨。
你的意见说出来也不妨。

30 语气副词：何必 【七一九 031】

◎ 基本语义及用法

用反问的语气表示不必。

◎ 典型例句和对话

例句	交际实践
①咱们是老同学，何必这么客气。	（在饭馆，回应他人敬酒） A：来，我敬你一杯，感谢你这么多年来的照顾。 B：**咱们是老同学，何必这么客气。**
②何必他呢？还是咱们自己来吧！	（在宿舍，拒绝他人建议） A：还是找你男朋友来吧，这种东西咱们自己修不了。 B：**何必他呢？还是咱们自己来吧！**
③为这点儿小事就不开心，何必呢！	（在学校，安慰同学） A：这种事情都做不好，我还能做什么，太伤心了！ B：**为这点儿小事就不开心，何必呢！**

◎ 补充例句

①我只是和你开玩笑，何必当真呢？
②学校又不远，何必打车去呢？
③你已经有了，何必又花钱买一个呢？
④你又没有做错事，何必这样垂头丧气呢？
⑤何必明天呢？今天做完不是更好吗？
⑥事情已经解决了，这又何必呢？

◎ 结构特点

（1）语气副词“何必”一般用于动词性成分、形容词性成分或名词前，句末常用“呢”。

何必 +VP/AP/N（+ 呢？）
何必　打车去　呢？

何必　这么客气。
何必　明天　呢？

（2）有时“何必”还可直接与“呢”组合使用。

(又＋) 何必＋呢？
事情已经解决了，这　又　何必　呢？
为这点儿小事就不开心，何必　呢？

小提示

“何必”前可以用“又”加强语气。例如：
我只是和你开玩笑，何必当真呢？
我只是和你开玩笑，又何必当真呢？

31 语气副词：莫非　【七—九 032】

◎ 基本语义及用法

表示怀疑或推测，或表示反问。

◎ 典型例句和对话

例句	交际实践
①晓雨今天没来学校，莫非出了什么事？	（在教室，询问他人请假原因） A：晓雨今天没来学校，莫非出了什么事？ B：别担心，她告诉我今天家里有事，请了半天假。
②刚才有个陌生人跟我打招呼，莫非他认错人了？	（在路上，发现陌生人跟自己打招呼） A：刚才有个陌生人跟我打招呼，莫非他认错人了？ B：他可能没看清楚吧，我有时也犯这种错。
③你现在不写作业，莫非要等到明天老师检查再写不成？	（在宿舍，督促同屋写作业） A：你现在不写作业，莫非要等到明天老师检查再写不成？ B：好，好，我马上写。

◎ **补充例句**

①这么晚还不回来，莫非他又在加班？
②上午来办公室的那个人莫非是咱们老板的夫人？
③莫非昨天来找我的就是小王？
④他平时都不会迟到的，莫非是路上堵车了？
⑤这次不吸取教训，莫非下次还要再犯错不成？
⑥莫非因天气不好就不去上学了不成？

◎ **结构特点**

（1）语气副词“莫非”表示“怀疑或推测”时，通常位于后一分句句首。

① S + VP_1，莫非 + VP_2？
晓雨　今天没来学校，莫非　出了什么事？
② VP_1，莫非 + S + VP_2？
这么晚还不回来，莫非　他　又在加班？

（2）“莫非”也可以用于单句，位于动词性成分前，作状语。“莫非”可位于主语前，也可位于主语后。

① S + 莫非 + VP？
上午来办公室的那个人　莫非　是咱们老板的夫人？
②莫非 + S + VP？
莫非　昨天来找我的　就是小王？

（3）“莫非”表示“反问”时，常和句末的“不成”呼应。

（……，）莫非 + VP + 不成？
这次不吸取教训，莫非　下次还要再犯错　不成？
莫非　因为天气不好就不去上学了　不成？

32 语气副词：白白　【七—九 033】

◎ **基本语义及用法**

表示所做的事情不起作用或没有效果、报偿。

◎ 典型例句和对话

例句	交际实践
①我白白排了两个小时的队呢！	（在售票处，感叹等待时间长） 工作人员：对不起，今天的票已经卖完了，请大家明天再来。 客人：哎呀，**我白白排了两个小时的队呢！**
②这次投资失败了，让公司白白损失了很多钱。	（在公司，讨论投资失败） A：**这次投资失败了，让公司白白损失了很多钱。** B：做生意就是这样，有赚也有赔。
③你搬不动，不要白白耗费力气。	（在宿舍，室友正搬东西） A：**你搬不动，不要白白耗费力气。** B：这确实太重了，还是等搬家公司的人来吧。

◎ 补充例句

①他整天不学习也不工作，把时间都白白浪费掉了。
②我们不能白白浪费青春年华。
③你要抓住这个好机会，不能让机会白白溜走。
④他不会听你的，不要白白浪费感情了。
⑤准备了一天，客人却没来，她白白忙活了一天。
⑥我不知道图书馆今天不开门，白白地跑了一趟。

◎ 结构特点

语气副词“白白”在主语后、动词性成分前，作状语，动词前可加助词“地”。

S + 白白（+ 地）+ VP
我　白白　地　跑了一趟。
她　白白　　　等了两个小时。

小提示

（1）“白白”是副词“白”的重叠形式，比“白”的语气更重一些，但“白”后面不能加助词“地”。例如：

* 她白地忙活了一天。

她白白地忙活了一天。

（2）“白白”一般不能修饰单个单音节动词，此时所修饰的动词前或后应该有其他修饰语或补充语。例如：

* 客人没有来，害得他白白忙了。

客人没有来，害得他白白忙了一下午。

（3）“白白”前一般不能用否定词“没有、不”等。例如：

* 这次考得还不错，没有白白辛苦。

这次考试还不错，没有白辛苦。

* 这么好的东西，不吃白白不吃。

这么好的东西，不吃白不吃。

33 语气副词：反倒 【七—九 034】

◎ 基本语义及用法

表示跟前文意思相反或出乎意料，在句中起转折作用。一般用于口语。

◎ 典型例句和对话

例句	交际实践
①明明是你的错，怎么反倒怪我了？	（在家，姐弟在吵架） 姐姐：这件事都怪你！ 弟弟：**明明是你的错，怎么反倒怪我了？**
②小王住得最远，反倒先到了。	（在聚会上，等待朋友到齐） A：怎么还有这么多人没来呢？ B：不知道呀，**小王住得最远，反倒先到了。**
③经过这次失败，我反倒更加坚强了。	（在咖啡厅，谈论失败） A：**经过这次失败，我反倒更加坚强了。** B：看来这件事让你成长了不少。

◎ 补充例句

①他不仅没生气，反倒更冷静了。

②雪不但没停，反倒更大了。
③过度运动不但对身体无益，反倒会对身体造成伤害。
④经过这场病，他的身体反倒比以前好了。
⑤争吵之后，他们的关系反倒更近了。
⑥小的时候盼望着长大，长大了反倒开始怀念童年了。

◎ **结构特点**

（1）“反倒”一般用在主语后、动词性成分或形容词性成分前作状语。

S + 反倒 + VP/AP
小王 住得最远，反倒 先到 了。
争吵之后，他们的关系 反倒 更近 了。

（2）“反倒”还常常与连词“不但、不仅”配合使用，凸显转折的语气。

S + 不但 / 不仅 + VP_1，反倒 + VP_2/AP
过度运动 不但 对身体无益，反倒 会对身体造成伤害。
他 不仅 没生气，反倒 更冷静 了。

小提示

“反倒”的语义与“反而”相同，但“反倒”的口语色彩更重。

34 语气副词：分明 【七一九 035】

◎ **基本语义及用法**

表示显然、确实，一般用于强调比较重要的事情。

◎ **典型例句和对话**

例句	交际实践
①我分明看他走过来了，怎么一下子就不见了呢？	（在路边，找人） A：我分明看他走过来了，怎么一下子就不见了呢？ B：你看错了吧？我怎么没注意到？

例句	交际实践
②她分明还是个孩子，怎么让她背那么重的包？	（在家，讨论电视剧情节） 妻子：**她分明还是个孩子，怎么让她背那么重的包？** 丈夫：可能是父亲想要锻炼锻炼她吧。
③让我三天就完成，你分明是在为难我。	（在公司，说明任务时间短） A：**让我三天就完成，你分明是在为难我。** B：不是我在为难你，我相信以你的能力肯定没有问题。

◎ 补充例句

①天这么冷，分明是冬天了。
②你看，玛丽一直在说那个队的缺点，这分明是在帮我们。
③他总是批评我，分明是讨厌我。
④我分明把蛋糕放在了桌子上，怎么一转身就不见了？
⑤这分明是两个人的座位，怎么让我们三个人坐？
⑥这分明是你的错，为何让我来承担责任？

◎ 结构特点

“分明”一般用在动词性成分前作状语。

（1）“分明”用于复句中的前一分句，强调说话人的主观判断，后一分句常用“怎么、为何”呼应。

S + 分明 + VP_1，怎么 / 为何 + VP_2（+ 呢）？
我　分明　看他走过来　了，怎么　一下子就不见　了　呢？
这　分明　是你的错，为何　让我来承担责任？

（2）“分明”还经常用于因果复句的后一结论分句中，常与“是”组合，强调说话人的主观判断。

（S +）VP_1，（S +）分明 + 是 + VP_2
让我三天就完成，你　分明　是　在为难我。
他　总是批评我，分明　是　讨厌我。

小提示

（1）有时候“分明”也可与“明明”替换使用。例如：

这分明 / 明明是两个人的座位，怎么让我们三个人坐？

这分明 / 明明是你的错，为何让我来承担责任？

（2）当“分明”用于因果复句时，通常不能用“明明”替换。例如：

* 让我三天就完成，你明明是在为难我。

让我三天就完成，你分明是在为难我。

* 天这么冷，明明是冬天了。

天这么冷，分明是冬天了。

（3）“明明”更常出现在转折复句的前一分句中，此时强调某个客观事实，后面的句子往往表示与前一事实相反的情况。例如：

你明明是在为难我，嘴里却不肯承认。

明明是冬天了，你还穿着短裙。

35 语气副词：怪不得（难怪）【七一九 036】

◎ 基本语义及用法

表示明白了原因，不再觉得奇怪，前后常有表明原因的语句。一般用于口语。

◎ 典型例句和对话

例句	交际实践
①怪不得他中文说得这么好，原来在中国生活过。	（在教室，谈论大卫中文说得好的原因） A：听说大卫小时候在中国生活过三年。 B：怪不得他中文说得这么好，原来在中国生活过。
②安娜漂亮，人品也好，怪不得很多男孩儿喜欢她。	（在咖啡厅，讨论安娜的优点） A：安娜漂亮，人品也好，怪不得很多男孩儿喜欢她。 B：我看咱班麦克也对她有点儿意思。

例句	交际实践
③我说他怎么那么高兴，原来比赛拿了第一啊，怪不得！	（在学校，聊大卫比赛成绩） A：昨天的演讲比赛大卫拿了第一名。 B：**我说他怎么那么高兴，原来比赛拿了第一啊，怪不得！**

◎ 补充例句

①怪不得她没去爬山，原来昨天下雨了。
②怪不得他心里害怕，因为小时候曾被邻居家的狗咬过一回。
③这部电影真是感人，怪不得深受观众的喜爱。
④爬到山顶，我才发现岛上到处都是猴子，怪不得这里叫猴岛。
⑤我看他一直趴在桌子上不说话，竟是因为这个，怪不得！
⑥怪不得！上次去找麦克，就觉得他怪怪的！

◎ 结构特点

（1）语气副词“怪不得”一般修饰动词性成分或形容词性成分，在句中作状语。“怪不得”一般位于主语前。

①怪不得 + S + VP_1/AP，原来 / 因为 + VP_2
怪不得　他　中文说得那么好，原来　在中国生活过。
怪不得　他　心里害怕，因为　小时候曾被邻居家的狗咬过一回。
②……，怪不得 + S + VP/AP
爬到山顶，我才发现岛上到处都是猴子，怪不得　这里　叫猴岛。
安娜漂亮，人品也好，怪不得　很多男孩儿　喜欢她。

（2）“怪不得”还可以独立使用，此时前或后有表明原因的语句，“怪不得”经常与表原因的“原来、因为”搭配使用。

①（原来 / 因为）+ VP/Pron，怪不得！
我说他怎么那么高兴，原来　比赛拿了第一　啊，怪不得！
我看他一直趴在桌子上不说话，竟是　因为　这个，怪不得！
②怪不得！（S +）VP/AP
怪不得！上次去找麦克，就觉得他怪怪的！
怪不得！记者写出来的东西　与小说家的就是不一样。

小提示

副词“怪不得”也可与“难怪”替换使用。相比较而言，“怪不得”表惊讶的程度较高，“难怪”表惊讶的程度要低一些。

36 语气副词：好在 【七—九 037】

◎ 基本语义及用法

表示庆幸，指出在困难或不利情况下还具有有利条件。

◎ 典型例句和对话

例句	交际实践
①好在你姐姐现在也在北京，你们可以互相照顾。	（在咖啡厅，讨论规划） A：我要去北京学习了。 B：**好在你姐姐现在也在北京，你们可以互相照顾。**
②好在有你帮忙，不然我不知道怎么办了。	（在机场，感谢他人帮忙） A：谢谢你！**好在有你帮忙，不然我不知道怎么办了。** B：不客气，能帮到你我很开心。
③考官问了我不少问题，好在我早有准备。	（在教室，讨论面试是否顺利） A：今天的面试顺利吗？ B：挺顺利的。**考官问了我不少问题，好在我早有准备。**

◎ 补充例句

①好在我们彼此信任，很快就消除了误会。
②好在他会说中文，我们可以直接交流。
③最近天气十分寒冷，好在我的身体素质不错，还顶得住。
④好在宿舍离教室比较近，不然我就迟到了。
⑤好在有你的鼓励，要不我真坚持不下去了。
⑥走在路上忽然下起了大雨，好在我带着伞。

◎ 结构特点

（1）“好在”多用在主语前，修饰分句。

好在 + S + VP_1，VP_2
好在　我们　彼此信任，很快就消除了误会。

（2）有时“好在”位于前一分句句首，后一分句常常是转折句，常用“否则、不然、要不”等连接两个分句。

好在（+ S_1）+ AP/VP_1，否则 / 不然 / 要不 + S_2 + VP_2
好在　宿舍　离教室比较近，不然　我　就迟到　了。
好在　有你的鼓励，要不　我　真坚持不下去　了。

（3）“好在”还可位于后一分句句首。

（S_1 +）VP_1，好在 + S_2 + VP_2
走在路上忽然下起了大雨，好在　我　带着伞。

小提示

“好在”位于后一分句句首承接上文时，可省略表示后果的分句。例如：
走在路上忽然下起了大雨，好在我带着伞。（省略“不然我非被淋湿不可”）
考官问了我不少问题，好在我早有准备。（省略“否则我就回答不出来了”）

37 语气副词：乃　【七—九 038】

◎ 基本语义及用法

表示判断，相当于“是、就是、实在是”。一般用于书面语，有文言色彩。

◎ 典型例句和对话

例句	交际实践
①失败乃成功之母。	（在体育馆，安慰他人） A：这次比赛我们队又输了。 B：别灰心，**失败乃成功之母**。
②《红楼梦》乃中国经典文学作品。	（在教室，评价《红楼梦》） 学生：老师，《红楼梦》在中国是有名的文学作品吗？ 老师：**《红楼梦》乃中国经典文学作品**，大家若有时间，请读一读这部小说。
③此乃人间美味。	（在饭店，称赞食物） A：太好吃了，**此乃人间美味**！ B：同感！

◎ 补充例句

①坚持乃成功的秘诀。
②懒惰乃成功的敌人。
③诚实乃做人之根本。
④音乐乃快乐的源泉。
⑤这药我只用了几次，病就好了，此乃良药！
⑥你们俩的生日竟然是同一天，真乃巧合。

◎ 结构特点

“乃”位于主语后、名词性成分前。

S + 乃 + NP
此　乃　良药。
音乐　乃　快乐的源泉。

38 语气副词：偏偏 【七—九 040】

◎ 基本语义及用法

表示事实跟所希望或期待的恰好相反，或故意跟客观要求、现实情况相反。一般用于口语。

◎ 典型例句和对话

例句	交际实践
①周围这么多漂亮的女生，你怎么偏偏喜欢她？	（在咖啡厅，询问喜欢他人的原因） A：**周围这么多漂亮的女生，你怎么偏偏喜欢她？** B：在我眼里，她最漂亮。
②我已经穿好衣服准备要走了，可孩子偏偏醒了。	（在家，询问没有出门的原因） 丈夫：你不是要出门吗？怎么还没走？ 妻子：**我已经穿好衣服准备要走了，可孩子偏偏醒了。**
③女朋友偏偏赶在这个时候生病，你说怎么办？	（打电话，询问计划取消的原因） A：你怎么把旅行计划给取消了？ B：**女朋友偏偏赶在这个时候生病，你说怎么办？**

◎ 补充例句

①我们原本计划今天要去郊游，然而偏偏下起了小雨。
②我真想把学习搞上去，但偏偏生病住院，真是急死人了！
③吸烟有害健康，这是人人都知道的事情，可他却偏偏不听劝告。
④这明明不是你的错，你偏偏要承担这个责任，何苦呢？
⑤同学们都在认真听老师讲课，偏偏他一个人在偷偷玩儿手机。
⑥你早不来晚不来，偏偏我要出门的时候来！

◎ 结构特点

“偏偏”一般用在动词性成分前，在句中作状语。

（1）“偏偏”在复句中多用于后一分句。

$S_1 + VP_1$，偏偏（$+ S_2$）$+ VP_2$
我们　原本计划今天要去郊游，偏偏　下起了小雨。
同学们　都在认真听老师讲课，偏偏　他一个人　在偷偷玩儿手机。

（2）有时“偏偏”用于复句中的前一分句，这种情况多见于疑问句。

S_1 + 偏偏 + VP_1，（S_2 +）VP_2
女朋友　偏偏　赶在这个时候生病，你　说怎么办？
你　偏偏　要承担这个责任，何苦　呢？

小提示

副词“偏偏”大多情况下可与“偏”替换使用，但“偏偏”用于主语前时，不可换用为“偏”。例如：

周围这么多漂亮的女生，你怎么偏 / 偏偏喜欢她？
* 同学们都在认真听老师讲课，偏他一个人在偷偷玩儿手机。
同学们都在认真听老师讲课，偏偏他一个人在偷偷玩儿手机。

39 语气副词：索性　【七一九 041】

◎ 基本语义及用法

表示直截了当、干脆。一般用于陈述句中。

◎ 典型例句和对话

例句	交际实践
①现在已经很晚了，我索性在外面吃完再回家好了。	（打电话，询问是否吃饭） 妻子：吃晚饭了吗？如果没吃，就回来吃吧。 丈夫：现在已经很晚了，我索性在外面吃完再回家好了。

例句	交际实践
②公司离我家很远，我没法儿照顾孩子，索性就辞职了。	（在咖啡厅，聊辞职的原因） A：听说你不在那家公司工作了。 B：是啊，**公司离我家很远，我没法儿照顾孩子，索性就辞职了。**
③我本来打算去的，但是昨天我睡过头儿了，索性就没去参加。	（在学校，询问没参加社团活动的原因） A：昨天的社团活动你怎么没来？ B：**我本来打算去的，但是昨天我睡过头儿了，索性就没去参加。**

◎ 补充例句

①我们俩的生日是同一天，索性就一起过了。
②反正也来不及了，索性就不去了。
③天气太热，不少人索性在屋子外边过夜。
④既然腿受伤了没法儿走路，索性就在家好好休息。
⑤桌子太大，每次搬家都很麻烦，我索性就把它卖了。
⑥我索性就告诉你吧，那件事是我干的。

◎ 结构特点

语气副词“索性”一般修饰动词性成分，在句中作状语。“索性”后边经常用“就”。

> S + 索性（+ 就）+ VP
> 现在已经很晚了，我　索性　在外面吃完再回家好了。
> 我　索性　就　告诉你　吧，那件事是我干的。

40 语气副词：万万　【七—九 042】

◎ 基本语义及用法

表示绝对、无论如何。只能用于否定句，一般用于表示警告、禁止等的祈使句。

◎ 典型例句和对话

例句	交际实践
①万万不能开着煤气出门。	（打电话，提醒他人及时关煤气） 妻子：我走的时候忘记关煤气了，你帮我关一下儿。 丈夫：好的，下次要注意啊，**万万不能开着煤气出门**。
②身体健康可万万不可忽视。	（在公司，员工来请假） 职员：经理，我想请半天假，感冒已经三天了，吃了药也不见效。 经理：快点儿去医院检查一下儿吧，**身体健康可万万不可忽视**。
③万万没想到，自己能得第一名。	（在学校，麦克参加演讲比赛后） A：麦克，祝贺你昨天的演讲比赛得了第一名。 B：谢谢你，**万万没想到，自己能得第一名**。

◎ 补充例句

①如果你不跟她道歉，她是万万不会原谅你的。
②他竟然被学校开除了，这是我们万万没料到的。
③如果没有他的陪伴，我是万万不敢尝试的。
④这是我们之间的秘密，万万不可告诉别人。
⑤那个东西带电，万万动不得。
⑥把公司的机密泄露出去，这万万不可。

◎ 结构特点

（1）“万万”一般用于“不可 / 不能 / 不会 / 不敢 +VP”或“V 不得”等成分前，在句中作状语。

①（S +）万万 + 不可 / 不能 / 不会 / 不敢 +VP
这是我们之间的秘密，**万万**　不可　告诉　别人。
下次要注意啊，**万万**　不能　开着煤气出门。
如果你不跟她道歉，她　是　**万万**　不会　原谅你的。
如果没有他的陪伴，我　是　**万万**　不敢　尝试的。

② (S+) 万万 + V 不得

那个东西 带电，万万 动不得。

（2）“万万”常可以用于表示说话人的主观看法，有时所在句的谓语可以只是“不行、不能、不可”等。

S + 万万 + 不行 / 不能 / 不可

此事 万万 不行，还请你多多理解。

叫我做违法的事情，**这 万万 不能。**

把公司的机密泄露出去，**这 万万 不可。**

（3）“万万”还可用来强调对已经发生的事情绝对没有估计到，后面一般加“没想到、想不到、没料到、料不到”等。

(S+) 万万 + 没想到 / 想不到 / 没料到 / 料不到

万万 没想到，自己能得第一。

他竟然被学校开除了，这是 **我们 万万 没料到** 的。

小提示

（1）“万万”不能用于肯定句。例如：

* 万万要小心。

千万要小心。

（2）“万万”也可以与“千万”同时出现，因为“万万”比“千万”语气重，所以一般“千万”所在的句子在前，“万万”所在的句子在后，两者之间有递进关系。例如：

你千万不能把公司的机密泄露出去，万万不可！

41 语气副词：未免 【七—九 043】

◎ 基本语义及用法

表示说话人对已经发生的行为或现象持否定态度，相当于“不能不说是……”。语气比较委婉。

◎ 典型例句和对话

例句	交际实践
①这道题未免也太难了吧。	（在教室，讨论试题） A：**这道题未免也太难了吧。** B：别着急，你再好好想想。
②他未免过分自信了。	（在教室，聊麦克的考试成绩） A：麦克说期末考试他能考第一名。 B：**他未免过分自信了**，平时考试他都在第十名以后。
③这是我第一次参加面试，未免有些紧张。	（面试之后，陈述自己的心情） A：**这是我第一次参加面试，未免有些紧张。** B：没关系，你表现得很好。

◎ 补充例句

①你这样说她，未免太过分了。
②这是我们第一次举办宴会，未免有点儿欠考虑。
③把美好的青春浪费在娱乐享受上，未免太可惜了一些。
④早上他们还是朋友，晚上就吵架了，这转变得未免也太快了。
⑤他没有送我生日礼物，我心中未免有点儿失望。
⑥你未免把她说得太幼稚了，她已经是个大学生了。

◎ 结构特点

“未免”一般用在动词性成分或形容词前面，常跟程度副词“太、过分、过于、不大、不够、有点儿、有些”以及数量词“一点儿、一些”连用，在句中作状语。

① (S +) 未免 + 太 / 过分 / 过于 / 不大 / 不够 / 有点儿 / 有些 / + VP/Adj
这是我们第一次举办宴会，**未免　有点儿　欠考虑。**
你这样说她，未免　太　过分　了。
这么多工作让他一天做完，**未免　不大　合理。**
② (S +) 未免 + 太 / 过分 / 过于 / 不大 / 不够 + Adj + 了 + 一点儿 / 一些
那位老师　未免　太严厉　了　一点儿。
把美好的青春浪费在娱乐享受上，**未免　太　可惜　了　一些。**

③ S + 未免 + V + 得 + 太 / 过分 / 过于 / 不大 / 不够 / 有点儿 / 有些 + Adj + 了
这 未免 转变 得 也 太 快 了。
你 未免 把她 说 得 太 幼稚 了。
④ S + V/Adj + 得 + 未免 + 太 / 过分 / 过于 / 不大 / 不够 / 有点儿 / 有些 / + Adj + 了
早上他们还是朋友，晚上就吵架了，这 转变 得 未免 也 太 快 了。
成绩还没出来，你 高兴 得 未免 太 早 了。

42 语气副词：无非 【七—九 044】

◎ 基本语义及用法

强调某个事物的范围不会超过说话人的判断范围，相当于“只不过、不外乎”。

◎ 典型例句和对话

例句	交际实践
①他这么做，无非是为了早点儿回家。	（在公司，聊同事不吃晚饭的原因） A：他今天都没吃晚饭，一直在工作。 B：**他这么做，无非是为了早点儿回家。**
②要解决这个问题，无非两条路。	（在公司，讨论利润低的解决方案） A：今年公司的总利润比去年降低了不少。 B：**要解决这个问题，无非两条路：**一是控制成本，二是增加销量。
③我无非就是看看而已，无所谓喜欢不喜欢。	（在商场，询问他人的看法） A：你喜欢那件大衣吗？我看你盯着看了很久。 B：**我无非就是看看而已，无所谓喜欢不喜欢。**

◎ 补充例句

①他每天的工作无非就是联系客户、推销新产品。
②每天回家吃饭，无非就是那几样菜。
③小孩子哭无非就是想让父母安慰他一下儿。
④企业竞争的目的无非是要争夺市场而已。

⑤我一直很努力，无非是想考上一个好大学罢了。
⑥他没有按时完成任务，无非就两个原因：一是效率低，二是任务难。

◎ **结构特点**

“无非”常与“(就)是”连用，句末常用“罢了”或“而已”。

① (S+) 无非+是/就是+NP/VP (+罢了/而已)
每天回家吃饭，无非 就是 那几样菜。
他每天的工作 无非 就是 联系客户、推销新产品。
企业竞争的目的 无非 是 要争夺市场 而已。
他一直很努力，无非 是 想考上一个好大学 罢了。
② (S+) VP，无非 (+就)+NP
要解决这个问题，无非 两条路。
他 没有按时完成任务，无非 就 两个原因。

小提示

“无非”表示说话人已经有了自己的判断，所以不能用来表示不确定。例如：
* 你今天来，无非就是想看看安娜吗？
你今天来，无非就是想看看安娜而已。

43 语气副词：幸好 【七一九 045】

◎ **基本语义及用法**

表示由于有利条件的出现，从而避免了可能出现的不良后果。

◎ **典型例句和对话**

例句	交际实践
①幸好你提醒了我，要不我就忘了。	(打电话，提醒他人) A：别忘了交作业，今天是最后期限了。 B：幸好你提醒了我，要不我就忘了。

例句	交际实践
②她昨天在路上晕倒了，幸好有好心人把她送到了医院。	（在公司，解释同事没上班的原因） A：小丽今天没来上班，听说她生病了。 B：是啊，**她昨天在路上晕倒了，幸好有好心人把她送到了医院。**
③今天真是太冷了，幸好我穿了羽绒服。	（在路上，聊天气） A：**今天真是太冷了，幸好我穿了羽绒服。** B：是啊，今天零下三十度，是今年最冷的一天了。

◎ 补充例句

①这几年遇到的困难太多了，幸好你一直在我身边。
②我今天回来得晚，幸好没有被爸爸发现。
③昨天他不小心把玛丽的电脑弄坏了，幸好后来修好了，否则就得赔了。
④幸好我们在下雨之前就回来了，不然就要淋雨了。
⑤我感冒了，幸好没发烧，不然今天就不能上班了。
⑥你幸好走了那条路，才幸免迟到。

◎ 结构特点

“幸好”一般用在主语前，谓语通常为动词性成分。

①幸好（+ S）+ VP
幸好　你　一直在我身边。
幸好　没有被爸爸发现。
②幸好（+ S_1）+ VP_1，要不 / 不然 / 否则（+ S_2）+ 就 + VP_2
幸好　你　提醒了我，要不　我　就　忘　了。
幸好　我们　在下雨之前就回来　了，不然　就　要　淋雨　了。
幸好　后来修好　了，否则　就　得赔　了。
③ S + 幸好 + VP_1，才 + VP_2
你　幸好　走了那条路，才　幸免迟到。

小提示

“幸好”在承接上文后，如果语义已经很明确时，后面的分句可以不出现。例如：

她昨天在路上晕倒了，幸好有好心人把她送到了医院（，不然后果不堪设想）。

今天真是太冷了，幸好我穿了羽绒服（，不然肯定冻坏了）。

我今天回来得晚，幸好没有被爸爸发现（，不然肯定又得被爸爸说一通了）。

44 语气副词：幸亏 【七—九 046】

◎ 基本语义及用法

表示由于有利条件的发生，从而避免了可能出现的不良后果。

◎ 典型例句和对话

例句	交际实践
①幸亏你回来得早，不然我都不知道怎么办才好了。	（房间里电灯坏了，A 正不知所措时，B 回来及时解围） A：**幸亏你回来得早，不然我都不知道怎么办才好了。** B：有我在呢，你放心吧。
②幸亏医生抢救及时，他才脱离了生命危险。	（在教室，谈论王强的病） A：听说昨天王强在打篮球时晕过去了。 B：是啊，**幸亏医生抢救及时，他才脱离了生命危险。**
③你幸亏没迟到，不然就要被老师批评了。	（在教室，同学上课铃响前进教室） A：**你幸亏没迟到，不然就要被老师批评了。** B：你放心，我什么时候迟到过呀！

◎ 补充例句

①幸亏你及时赶来，不然就错过这次考试了。

②幸亏你今天没迟到，否则这个月的奖金就没有了。

③我幸亏有您的指导，才通过了面试。

④雨下得可真大，幸亏我带了雨衣。

⑤幸亏有他，不然这件复杂的事情谁都解决不了。

⑥幸亏还有补考，否则我就没有机会了！

◎ **结构特点**

"幸亏"一般用在主语前，谓语通常为动词性成分。

①幸亏（+ S）+ VP
幸亏　我　带了雨衣。
②幸亏（+ S_1）+ VP_1，要不 / 不然 / 否则（+ S_2）+ 就 + VP_2/AP
幸亏　送得及时，不然　就　很危险　了。
幸亏　你　今天没迟到，否则　这个月的奖金　就　没有　了。
③ S + 幸亏 + VP_1，才 + VP_2
我　幸亏　有您的指导，才　通过了面试。

小提示

（1）"幸亏"与"幸好"所表达的"庆幸"的程度不同，"幸亏"比"幸好"的程度深，更能强调对某一不利后果的避免。

（2）"幸亏"和"幸好"一样，也表示避免坏的结果或引起好的结果的有利条件，但是"幸亏"不能直接跟表达好结果的分句，因为它不具有表达事情本身是一种好结果的语义。例如：

* 这场雨来得太突然了，幸亏没淋湿。
这场雨来得太突然了，幸好没淋湿。
* 你也太粗心了吧，幸亏没把杯子摔碎。
你也太粗心了吧，幸好没把杯子摔碎。

（3）"幸亏"不能位于句首单独使用，但"幸好"可以。例如：

* 幸亏，我们在下雨之前就回来了，不然就要被雨淋了。
幸好，我们在下雨之前就回来了，不然就要被雨淋了。

45 语气副词：终究 【七—九 047】

◎ **基本语义及用法**

（1）表示无论如何，事物的本质特点不会改变，事实不可否认，表达强调语气。一般用于评价意义的陈述句。

（2）表示预料、期望或肯定要发生的事情必然发生。

◎ 典型例句和对话

例句	交际实践
①你们对工作这么不负责任，终究会出问题的。	（在学校，老师提醒学生对工作负责） 老师：**你们对工作这么不负责任，终究会出问题的。** 学生：我们知道错了，下次一定注意。
②尽管这个结果让人很难接受，但这终究是事实。	（在公司，安慰员工接受事实） A：我们为了这个项目连续三个月都在加班，最后还是失败了。 B：**尽管这个结果让人很难接受，但这终究是事实。**
③他终究是个孩子，你得耐心一点儿。	（在家，聊教育孩子） 妈妈：咱儿子今天没写作业就出去玩儿了，我让他写作业他也不听。 爸爸：**他终究是个孩子，你得耐心一点儿。**

◎ 补充例句

①他身体虽好，但终究年岁已高，还是要多休息。
②尽管他能力很强，但一个人的力量终究有限。
③现在终究是冬天了，就是不刮风也很冷。
④孩子终究会长大，会离开自己的父母，拥有自己的生活。
⑤正义终究会战胜邪恶。
⑥大家终究会知道事情的真相。

◎ 结构特点

（1）语气副词“终究”表示事物的本质不会改变时，经常修饰动词、形容词或小句，动词一般为“是”。

(S +) 终究 + 是 /Adj/ 小句[①]
他　终究　是　个孩子，你得耐心一点儿。
一个人的力量　终究　有限。
他身体虽好，但　终究　年岁已高。

① 小句是最小的具有表述性和独立性的语法单位。小句可以是单句、复句中的分句，一个小句一般是一个主谓短语。

（2）当“终究”表示预期的结果必然发生时，常和能愿动词“会”搭配使用。

S + 终究 + 会 + VP
大家　终究　会　知道事情的真相。

46 介词（引出方向、路径）：顺着 【七—九 048】

◎ 基本语义及用法

引进动作所依从的路线或凭借的机会、情势。

◎ 典型例句和对话

例句	交际实践
①顺着大路一直往东走，老槐树旁边就是。	（在路边，给别人指路） A：请问大爷，照相馆怎么走？ B：**顺着大路一直往东走，老槐树旁边就是。**
②雨水顺着脖子钻到衣服里了。	（在教室，说明衣服淋湿的原因） A：你穿着雨衣，怎么还把衣服淋湿啦？ B：外面雨太大了，**雨水顺着脖子钻到衣服里了。**
③泉水顺着山沟，最终会流到哪里呢？	（在山沟，询问泉水流经的方向） A：**泉水顺着山沟，最终会流到哪里呢？** B：我们顺着这泉水走走看看。

◎ 补充例句

①顺着一排红砖大楼走到头，就是我们学校。
②雪车顺着冰雪覆盖的山坡飞快地滑行。
③雨水顺着我的头发滴了下来。
④这种绿色植物顺着墙慢慢地往上爬，最终爬满了整片围墙。
⑤我们就顺着这条思路走，肯定能成功。
⑥那件事情就顺着你的意思办吧。

◎ 结构特点

介词"顺着"一般与表处所或表主观意志的名词性成分组合成介词短语，在句中作状语。句中的谓语通常为表位移的动词。

（S＋）顺着＋$NP_{处所}$/$NP_{主观意志}$＋$V_{位移}$
顺着　大路　一直往东　走。
我们　就　顺着　这条思路　走。

小提示

（1）"顺着"在口语中可省略"着"。例如：
顺着大路一直往东走，老槐树旁边就是。
顺大路一直往东走，老槐树旁边就是。
（2）"顺"后面的名词性成分如果比较长，则必须加"着"。例如：
* 顺一排红砖大楼走到头，就是我们学校。
顺着一排红砖大楼走到头，就是我们学校。

47 介词（引出对象）：当着　【七一九 049】

◎ 基本语义及用法

表示面对着，用于同一空间内的人面对面。

◎ 典型例句和对话

例句	交际实践
①你有什么意见，可以当着我的面说，用不着捅到老师那里去。	（在教室，告诉同学当面提出意见） A：**你有什么意见，可以当着我的面说，用不着捅到老师那里去。** B：你如果是能听得进去意见的人就好了。
②当着老师和同学，可不能撒谎哦！	（在教室，教育学生不能撒谎） 老师：**当着老师和同学，可不能撒谎哦！** 学生：好吧，老师。是我把教室的窗户砸碎了。

例句	交际实践
③我上周不小心当着她的面说别的女孩儿好，把她气跑了。	（在聚会上，聊女朋友生气的原因） A：你女朋友今天怎么没来？ B：别提了！**我上周不小心当着她的面说别的女孩儿好，把她气跑了。**

◎ 补充例句

①现在当着你们俩的面，我把情况介绍一下儿。
②你要当着大伙儿说清楚。
③当着我的面，你有什么想说的就都说出来吧。
④家长不应该当着众人的面责备孩子。
⑤我当着大家的面把礼物拆开了。
⑥父母千万不要当着孩子的面吵架。

◎ 结构特点

介词“当着”一般与人称代词或指人名词组合成介词短语，在句中作状语。“当着”常与“的面”搭配使用。

S + 当着 + Pron/N$_{指人}$（+ 的面）+ VP
家长　不应该　当着　众人　的面　责备孩子。
你　要　当着　大伙儿　说清楚。

小提示

（1）“当着”在口语中可省略“着”。例如：

当着我的面，你有什么想说的就都说出来吧。
当我的面，你有什么想说的就都说出来吧。

（2）如果句中没有“的面”，“着”就不能省略。例如：

* 你要当大伙儿说清楚。
你要当着大伙儿说清楚。
* 当老师和同学，可不能撒谎哦！
当着老师和同学，可不能撒谎哦！

48 介词（引出对象）：就[5] 【七—九 050】

◎ 基本语义及用法

引进动作的对象或话题的范围。

◎ 典型例句和对话

例句	交际实践
①大家就手头现有的材料，先订出一个初步方案来。	（在学校，给学生布置社团活动任务） 老师：今天的会议就到这儿。**大家就手头现有的材料，先订出一个初步方案来。** 学生：好的，老师。我们一定按时完成。
②就工作经验来说，他比别人要丰富些。	（在考场，讨论面试者的表现） A：您觉得刚才这位面试者怎么样？ B：挺好的。**就工作经验来说，他比别人要丰富些。**
③就专业知识来说，我远不如您。	（在座谈会，会后交流） A：您刚才的发言太精彩了！ B：哪里哪里，您的分享也很精彩。**就专业知识来说，我远不如您。**

◎ 补充例句

①她们就这个问题进行了讨论。

②他就这个问题做了检讨。

③大家就创作方法进行了热烈的讨论。

④我想就如何找到自己满意的工作这个问题来谈一谈。

⑤就语言风格来看，这部作品不像宋代的。

⑥就技巧而言，我们学校的篮球队比他们强。

◎ 结构特点

（1）介词“就[5]”与名词性成分组合成介词短语，在句中作状语。

S + 就 5 + NP + VP
他　就　这个问题　做了检讨。
大家　就　创作方法　进行了热烈的讨论。

（2）“就 5”常与“来 V、而言”呼应，位于句首。

就 5 + NP + 来 V/ 而言，S + VP/AP
就　工作经验　来说，他　比别人要丰富些。
就　语言风格　来看，这部作品　不像宋代的。
就　技巧　而言，我们学校的篮球队　比他们强。

小提示

“就 5……来 V”结构中，V 一般为单音节动词。例如：
就工作经验来说，他比别人要丰富些。
就专业知识来比，我远不如你。
就语言来看，这部作品不像宋代的。

49 介词（引出凭借、依据）：趁　【七—九 051】

◎ 基本语义及用法

表示利用条件、时间或机会。

◎ 典型例句和对话

例句	交际实践
①趁火车还没开，您赶紧下车。	（在火车上，询问车次） A：请问，这是 G7218 次列车吗？ B：您上错车了，G7218 次在对面站台。**趁火车还没开，您赶紧下车吧。**
②玛丽趁我不注意，又把我的模型拿走了。	（在教室，陈述他人乱拿东西） A：**玛丽趁我不注意，又把我的模型拿走了。** B：那你去找她拿回来不就行了，光生气有什么用。

例句	交际实践
③现在天黑得早，你最好还是趁早回来。	（打电话，嘱咐孩子早回家） 爸爸：**现在天黑得早，你最好还是趁早回来。** 女儿：好的，我会早回去的。

◎ 补充例句

①趁晴天，我赶快晒一晒被子。
②姜汤要趁热喝。
③咱们趁有劲儿多干点儿。
④趁走得不远，快把他追回来。
⑤趁身体还健康，抓紧时间多做一些工作。
⑥趁天还没黑，我们赶快把院子收拾一下儿吧。

◎ 结构特点

“趁”多与名词性成分、形容词、动词性成分组合，“趁……”可用在主语前，也可用在主语后。

①趁 + NP/VP_1，（S +）VP_2
趁　晴天，我　赶快晒一晒被子。
趁　走得不远，快把他追回来。
② S + 趁 + NP/Adj/VP_1 + VP_2
他　趁　休息的时候　给我理了发。
你　最好还是　趁　早　回来。
咱们　趁　有劲儿　多干点儿。

小提示

口语中，“趁”后可加“着”，但当“趁”后面是单音节名词或单音节形容词时，不能加“着”。例如：

* 天色不早了，咱们趁着亮儿赶路吧。
天色不早了，咱们趁亮儿赶路吧。
* 姜汤要趁着热喝。
姜汤要趁热喝。

50 介词（引出凭借、依据）：基于 【七—九 052】

◎ 基本语义及用法

表示根据或建立在某个基础之上。

◎ 典型例句和对话

例句	交际实践
①这部电影是基于历史改编的。	（在电影院，讨论电影） A：**这部电影是基于历史改编的。** B：挺好的，这样我们可以一边看电影一边学习历史。
②方案内容都是基于假设制订的，可执行性不高。	（在会议室，询问方案未被采纳的原因） A：请问贵公司为什么没有采纳我们的合并方案呢？ B：**方案内容都是基于假设制订的，可执行性不高**。很抱歉，我们不能采纳。
③王教授基于过去的研究成果，提出了新的观点。	（在会上，交流研究成果） A：过去对于这一领域，我们的研究比较薄弱。 B：的确是，不过最近**王教授基于过去的研究成果，提出了新的观点**。

◎ 补充例句

①基于以上理由，我不赞成他的建议。
②基于上述情况，我不能这样做。
③基于对文章内容的理解和认同，同学们进行了热烈的讨论。
④年轻人应该基于自己的兴趣爱好选择工作。
⑤你所有的观点都是基于个人立场建立起来的。
⑥我们应该基于诚信与客户进行洽谈。

◎ 结构特点

“基于”通常与名词性成分、动词性成分组合，“基于……”可用在主语前，也可用在主语后。

①基于 + NP/VP$_1$，S + VP$_2$

基于　事实，我　提出了新观点。

基于　调查，我　认为您的建议存在一些问题。

② S + 基于 + NP/VP$_1$ + VP$_2$

我　基于　事实　提出了新观点。

方案内容　都是　基于　假设　制订的。

51 介词（引出凭借、依据）：依　【七—九 053】

◎ 基本语义及用法

引进动作、行为所遵从的标准或根据。

◎ 典型例句和对话

例句	交际实践
①要依我看呢，这事就算了。	（在咖啡厅，劝慰他人） A：**要依我看呢，这事就算了。** B：我也觉得，人家未必是有意的。
②依你的意思，我应该去主动找他谈谈？	（在公司，寻求建议） A：**依你的意思，我应该去主动找他谈谈？** B：那当然，多沟通才能减少误解。
③对不起，我们必须依法办事，请您配合。	（在高速路口，与警察沟通） A：警察同志，我就喝了一口酒，请您原谅一次。 B：**对不起，我们必须依法办事，请您配合。**

◎ 补充例句

①这件事就依你的方案做吧。

②依法律，他应受到重罚。

③依法治国就是依照宪法和法律来治理国家。

④依你这种办法，我们队赢得比赛的可能性不大。
⑤依你看，这件事该怎么解决？
⑥依我说，解决这个问题不能太着急。

◎ **结构特点**

（1）“依”可与名词性成分组合，在动词前作状语。

> S + 依 + NP + VP
> 我们　必须　依　法　办事。
> 这件事　就　依　你的方案　做　吧。

（2）“依”还可与“看、说”等动词搭配使用，表示按照某人的看法。一般用在主语前，有停顿。

> 依 + Pron + 看 / 说，S + VP
> 依　你　看，这件事　该怎么解决？
> 依　我　说，解决这个问题　不能太着急。

小提示

在口语中，“依”后可加“着”，但当“依”后面是单音节名词时，不能加“着”。例如：

这件事就依着你的方案做吧。
这件事就依你的方案做吧。
* 我们必须依着法办事。
我们必须依法办事。

52 连词（连接词或短语）：及　【七—九 054】

◎ **基本语义及用法**

相当于“跟、和”，连接并列的名词性成分。一般用于书面语。

◎ 典型例句和对话

例句	交际实践
①电脑及网络系统服务合同在这里，请您看一下儿。	（在办公室，汇报合同） 职员：经理，**电脑及网络系统服务合同在这里，请您看一下儿。** 经理：你先放在这儿，看完若有问题，我再找你。
②近年来，全球的经济、政治及文化的发展都在遭受着疫情的冲击。	（在会议室，介绍全球发展情况） A：**近年来，全球的经济、政治及文化的发展都在遭受着疫情的冲击。** B：是的，所以我们全人类必须携手共同努力。
③这套房子的位置、楼层及小区环境都不错。	（在客厅，讨论房屋信息） A：**这套房子的位置、楼层及小区环境都不错**，房价一定很贵吧？ B：有点儿贵，但性价比还可以。

◎ 补充例句

①我们要动员全校的教师及学生，为山区儿童献爱心。
②她的平时作业及学期论文都完成得很好。
③这件羽绒服的款式、颜色及面料都很棒，就是价格有点儿贵。
④发展经济离不开煤炭、石油、电力及其他能源。
⑤工人、农民及士兵都参加了此次会议。
⑥中国、巴西、印度及俄罗斯等四国在北京进行了会谈。

◎ 结构特点

连词“及”连接两项或两项以上的名词性成分，用在最后一项之前。

① N_1 + 及 + N_2
教师　及　学生
② N_1、N_2 + 及 + N_3
工人、农民　及　士兵

小提示

（1）“及”前不能停顿，“以及”前可以停顿。例如：

* 中国、巴西、印度，及俄罗斯

中国、巴西、印度，以及俄罗斯

中国、巴西、印度及俄罗斯

（2）“及”后可以加“其”。例如：

我们要动员全校的教师及其学生，为山区儿童献爱心。

对合同内容及其附加条款，我们没有意见。

（3）“及”不能连接小句，“以及”可以连接小句。例如：

* 妈妈打电话问了很多问题，北京的气候怎么样，宿舍冷不冷，及吃饭习惯不习惯等。

妈妈打电话问了很多问题，北京的气候怎么样，宿舍冷不冷，以及吃饭习惯不习惯等。

53 连词（连接分句或句子）（1）：继而 【七—九 055】

◎ 基本语义及用法

表示紧随在某一情况或动作之后，相当于“接着”。一般用于书面语。

◎ 典型例句和对话

例句	交际实践
①优秀的作品总是先令人感动，继而引人深思。	（在剧院，评价作品） A：这个小品排得真好！ B：是啊！**优秀的作品总是先令人感动，继而引人深思。**
②我本来不同意的，可继而一想，又觉得是一个好机会。	（在学校，询问参加比赛的原因） A：你怎么又同意参加比赛了？ B：**我本来不同意的，可继而一想，又觉得是一个好机会**，所以决定参加这次比赛了。
③你刚开始是一套，继而是另一套，叫人怎么信你？	（在咖啡厅，聊不被信任的原因） A：**你刚开始是一套，继而是另一套，叫人怎么信你？** B：对不起，是我想得太简单了，我以后一定注意。

◎ 补充例句

①大家先冷静一下儿，继而再谈合作的事，不是说冲动是魔鬼嘛。
②面对突如其来的消息，他先是一愣，继而伤心地哭了起来。
③人们先是一惊，继而哄堂大笑。
④先是领唱的一个人唱，继而全体跟着一起唱。
⑤老师重点探讨了留学生学习语法时容易出现的各种错误，继而对错误的成因进行了分析。
⑥货币升值将会影响到一国的出口，继而影响该国的经济增长。

◎ 结构特点

连词“继而”一般位于复句中的后一分句，常与“先、开始、本来”等时间词语搭配使用。当前后分句的主语相同时，后一分句的主语可省略。

S_1（+先/开始/本来）+ VP_1，继而 + VP_2
人们　先　是一惊，继而　哄堂大笑。
货币升值　将会影响到一国的出口，继而　影响该国的经济增长。

小提示

“继而”可与“然后”替换使用，“继而”的书面性更强，“然后”的口语性更强。

54 连词（连接分句或句子）（2）：要不是　【七一九 055】

◎ 基本语义及用法

表示如果不是，引出一种假设情况。一般用于口语。

◎ 典型例句和对话

例句	交际实践
①要不是你提醒我，这件事我早就忘了。	（在教室，感谢他人提醒） A：谢谢你！要不是你提醒我，这件事我早就忘了。 B：不客气，你现在赶快做也来得及。

例句	交际实践
②要不是为了孩子的学习，我们早就离开这里了。	（在咖啡厅，讨论在城市的原因） A：唉，这里的空气质量远不如我们乡下。 B：是啊，**要不是为了孩子的学习，我们早就离开这里了。**
③要不是下雨，我们俩早到学校了。	（在校园，聊迟到的原因） A：听说，你们俩今天上学迟到了？ B：是，都是因为天气。**要不是下雨，我们俩早到学校了。**

◎ 补充例句

①要不是老师帮我，我也不能写好这篇文章。
②要不是他的帮忙，这个项目还不一定能完成。
③要不是路太远，奶奶就来看您了。
④要不是你告诉我，我哪儿知道？
⑤我们要不是有缘分，就不会在这里相见了。
⑥他要不是沉迷于游戏，学习成绩怎么会下降得这么快？

◎ 结构特点

（1）连词“要不是”位于复句中的前一分句，常与后一分句的“也、就”或反问句呼应。

①要不是 + S_1 + VP_1/AP，S_2 + 也 / 就 + VP_2
要不是　老师　帮我，我　也　不能写好这篇文章。
要不是　路　太远，奶奶　就　来看您　了。
②要不是 + S_1 + VP_1，S_2 + VP_2？（反问句）
要不是　你　告诉我，我　哪儿知道？

（2）当前后分句的主语相同时，后一分句的主语可省略；此时“要不是”一般位于主语前，也可位于主语后。

S + 要不是 + VP_1，也 / 就 + VP_2
我们　要不是　有缘分，就　不会在这里相见　了。

S_1 + 要不是 + VP_1，S_2 + VP_2?（反问句）
他　要不是　沉迷于游戏，学习成绩　怎么会下降得这么快？

小提示

口语中，当前后分句的主语不同时，根据前后语境，可省略第一分句的谓语成分。例如：

要不是老师（帮我），我也不能写好这篇文章。

要不是你（告诉我），我哪儿知道？

55 结构助词：之　【七一九 056】

◎ 基本语义及用法

用法和“的”相似，具有文言色彩。

◎ 典型例句和对话

例句	交际实践
①我们可以将北京描绘为一本梦之书。	（在公司，讨论关于北京的策划书） A：我们可以将北京描绘为一本梦之书。 B：你说得对，北京是一个充满梦想的地方！
②这份调查报告，其内容之详细，分析之透彻，令人赞叹不已。	（在会议室，讨论调查报告） A：昨天那份调查报告你看了吗？你觉得怎么样？ B：这份调查报告，其内容之详细，分析之透彻，令人赞叹不已。
③她是一个热情开朗的人，所到之处皆是欢声笑语。	（在学校，询问他人对某人的看法） A：你认识那个女孩儿吗？她是个什么样的人？ B：她是一个热情开朗的人，所到之处皆是欢声笑语。

◎ 补充例句

①学校者，造就人才之地，治天下之本也。

②这两所学校有很多相似之处。
③你赶紧离开那个是非之地吧。
④他的成长之路非常艰难。
⑤他得到了所爱之人的欣赏。
⑥问题之严重超出人们的想象。

◎ 结构特点

结构助词“之”经常用在修饰语和中心语之间。

① N_1/Adj/V + 之 + N_2
我们可以将北京描绘为一本 梦 之 书。
这两所学校有很多 相似 之 处。
他的 成长 之 路 非常艰难。
② N + 之 + Adj
问题 之 严重 超出人们的想象。
③所 + V + 之 + N
他得到了 所 爱 之 人 的欣赏。

56 语气助词：而已 【七—九 057】

◎ 基本语义及用法

表示所描述的动作或情况仅此而已，强调程度不深、不严重或不重要，相当于“罢了”。一般用于书面语中。

◎ 典型例句和对话

例句	交际实践
①我不过是出于好奇，随便问问而已。	（在咖啡厅，询问打听房价的原因） A：听说你最近在打听房价？是要买房子吗？ B：我不过是出于好奇，随便问问而已。
②最多两天而已，很快就回来了。	（在家，询问出差时长） A：这次出差要走多久？ B：最多两天而已，很快就回来了。

例句	交际实践
③我们认识不过两天而已，还不是很熟悉。	（在学校门口，问与他人的熟识情况） A：你们俩是好朋友吗？ B：**我们认识不过两天而已，还不是很熟悉。**

◎ **补充例句**

①我不过是随便翻翻而已，没有认真读。
②他的睡眠一直很好，能让他失眠的，无非考试而已。
③我只是随便说说而已，你不必过于认真。
④我仅仅在这儿生活了一年而已，好多景点我都没去过。
⑤我不只是说说而已，我还会用行动证明我可以做到。
⑥我最多看看而已，不会花钱买的。

◎ **结构特点**

语气助词“而已”常和范围副词“不过、无非、顶多、最多、只、仅仅、不只是、不仅仅”搭配使用，一般用在陈述句句尾。

S + 不过 / 无非 / 顶多 / 最多 / 只 / 仅仅 / 不只是 / 不仅仅（+ 是）+ VP/NP + 而已
我们　不过　是　认识　而已，还不是很熟悉。
我　最多　看看　而已，不会花钱买的。
我　只　是　随便说说　而已，你不必过于认真。
他的睡眠一直很好，能让他失眠的，无非　考试　而已。

小提示

“而已”可与“罢了”替换使用，“而已”一般用于书面语，“罢了”一般用于口语。

57 语气助词：矣　【七—九 058】

◎ **基本语义及用法**

用来描述已经发生或将要发生的事情的发展变化，用在句末，相当于“了”。一般用于具有文言色彩的书面语中。

◎ 典型例句和对话

例句	交际实践
①人生得一知己足矣。	（在聚会上，表示对朋友的看法） A：没想到你们俩是二十年的老朋友了。 B：是啊，**人生得一知己足矣**，我们很珍惜这份友谊。
②我们最后一次一起爬山已是十年前，往事久矣。	（在咖啡厅，回忆爬山） A：下个月我们一同去爬山吧。 B：行，**我们最后一次一起爬山已是十年前，往事久矣**。
③没有了，一个书包、一个手机足矣。	（在家，询问要带的物品） A：明天还有什么需要带的？ B：**没有了，一个书包、一个手机足矣**。

◎ 补充例句

①李大夫已闻名久矣。
②他的想法可谓多矣。
③由此看来，创业之路难矣！
④家庭幸福是人生一大乐事矣。
⑤你交的报告别出心裁，令我大喜过望矣！
⑥天下最希望你快乐的人莫过于父母矣。

◎ 结构特点

语气助词“矣”一般用在陈述句或感叹句中，常出现在句尾。

S + VP/Adj + 矣
天下最希望你快乐的人　莫过于父母　矣。
往事　久　矣。
创业之路　难　矣！

58 结构短语：数词＋量词＋抽象事物 【七—九 059】

◎ 基本语义及用法

属于名词性短语。

◎ 典型例句和对话

例句	交际实践
①今天我就要你一个态度。	（在教室，请他人表态参加活动） A：今天的活动，难道我不去不行吗？ B：不行。**今天我就要你一个态度**，你一定得去。
②你还是住得离学校近些吧，让我和你妈图一个安心。	（在家，讨论住房问题） 女儿：其实郊区的房子性价比很高的，我住那边也行。 爸爸：**你还是住得离学校近些吧，让我和你妈图一个安心。**
③这一份荣誉沉甸甸的，我怕我承受不起。	（在学校，接受表扬） 学生：老师，**这一份荣誉沉甸甸的，我怕我承受不起。** 老师：不会的，我们都觉得这份荣誉就应该属于你。

◎ 补充例句

①这是我的一片心意，希望您不要推辞。
②你需要保持一个好的心态。
③他有一身本领，颇有才华。
④这里虽然听不见什么争吵声，但并不是一团和气。
⑤我的肩上有两份责任，一是赡养父母，二是养育儿女。
⑥你有一门手艺却无处展示，实在是太遗憾了。

◎ 结构特点

“数词＋量词＋抽象事物”在句中常作主语和宾语。

①数词＋量词＋抽象事物＋AP（作主语）
这　一　份　荣誉　沉甸甸的。

② S + VP + 数词 + 量词 + 抽象事物（作宾语）
你　需要保持　一　个　好的心态。

59 固定短语：爱 A 不 A 【七—九 060】

◎ 基本语义及用法

四字格，表示对方可以随便选择做或不做某事，含有不满的情绪。

◎ 典型例句和对话

例句	交际实践
①麦克对她总是一副爱理不理的样子。	（在校园，讨论对他人的态度） A：麦克对女朋友的态度怎么那么不好啊？ B：不知道。麦克对她总是一副爱理不理的样子。
②这是我的想法，你爱听不听。	（在家，发表看法） 姐姐：这是我的想法，你爱听不听。 弟弟：我也有发表意见的权利啊。
③爱吃不吃，随便你。	（在家，表达对质疑的不满） 丈夫：你怎么又做面条儿了？ 妻子：爱吃不吃，随便你。

◎ 补充例句

①你爱去不去，反正我是一定要去的。
②我问过几次了，她都说没事。算了，爱说不说吧。
③我就在这里等你，你爱来不来。
④什么事值得他那么紧张？平常天塌下来他也爱管不管的。
⑤他爱请不请，难道我还要靠他才能吃饭？
⑥算了，他爱做不做吧，我们干好自己的活儿就行了。

◎ 结构特点

“爱 A 不 A”中，A 是单音节动词。“爱 A 不 A”主要作谓语。

① S_1+P，S_2+爱A不A
这　是我的想法，你　爱听不听。
② S_1+爱A不A，S_2+P
你　爱去不去，反正　我　是一定要去的。

60 固定短语：半A半B 【七一九 061】

◎ 基本语义及用法

四字格，表示相对的两种性质或状态同时存在。

◎ 典型例句和对话

例句	交际实践
①他说话半真半假，你不要完全相信他。	（在咖啡厅，谈论张华） A：张华现在说的话我都不知该不该信了。 B：**他说话半真半假，你不要完全相信他。**
②突然听到明天放假的消息，我一直半信半疑。	（在办公室，获悉明天要放假） A：**突然听到明天放假的消息，我一直半信半疑。** B：是真的，等一下儿办公室就会出通知了。
③我们之间的关系比较复杂，算是半师半友吧。	（在咖啡厅，说明与他人的关系） A：王先生是你的老师还是？ B：**我们之间的关系比较复杂，算是半师半友吧。**

◎ 补充例句

①你说话半吞半吐的，不能直接一些吗？
②她在大学期间一直半工半读，非常辛苦。
③等市场快关门的时候，蔬菜都是半卖半送了。
④她的信半文半白，读起来很吃力。
⑤照片上，他站在半明半暗的角落里。
⑥这座小县城实在没有什么特色，一个拥挤、狭窄的小城，建筑物都是半新半旧的。

◎ 结构特点

“半A半B”中，A、B是意义相反的单音节动词、形容词和名词。“半A半B”一般作谓语，也可以作定语。

①S＋半A半B（作谓语）
他说话　半真半假，你不要完全相信他。
她　在大学期间一直　半工半读，非常辛苦。
②半A半B＋的＋N（作定语）
照片上，他站在　半明半暗　的　角落　里。

61 固定短语：东A西B 【七—九 062】

◎ 基本语义及用法

四字格，表示到处做某事。

◎ 典型例句和对话

例句	交际实践
①她买东西就喜欢东挑西选。	（在商场门口，等候妹妹） A：你妹妹买东西怎么这么慢啊？ B：**她买东西就喜欢东挑西选。**
②为了买到一张演唱会门票，我东奔西跑，累得一身汗。	（在教室，麦克刚回来） A：麦克，你干什么去了？满头大汗的。 B：**为了买到一张演唱会门票，我东奔西跑，累得一身汗。**
③阳台上的花架东倒西歪，要重新弄一下儿。	（在家，丈夫要出门） 妻子：**阳台上的花架东倒西歪，要重新弄一下儿。** 丈夫：等我下班回来再收拾吧。

◎ 补充例句

①回到家乡，他东拼西凑，用十万元办起了食品加工厂。
②孩子拿着画笔在墙上东涂西抹。

③同学们都为她的事东奔西走，希望问题能尽快得到解决。
④考试的时候，大家不要东张西望。
⑤你们别东拉西扯了，我们该回家了。
⑥小孩儿刚开始学走路，东摇西摆的，可好玩儿了。

◎ **结构特点**

“东 A 西 B”一般作谓语。A、B 一般是意思相同或相近的单音节动词。

S + 东 A 西 B
阳台上的花架　东倒西歪，要重新弄一下儿。
为了买到一张演唱会门票，**我　东奔西跑**，累得一身汗。

62 固定短语：非 A 非 B 【七—九 063】

◎ **基本语义及用法**

四字格，表示既不是 A 情况也不是 B 情况。

◎ **典型例句和对话**

例句	交际实践
①这场悲剧的制造者非你非我，另有他人。	（在会议室，谈论悲剧制造者） A：**这场悲剧的制造者非你非我，另有他人。** B：虽说如此，但我们如果能早点儿发现，这个悲剧也许就不会发生。
②我们非敌非友，只是那天见过一面而已。	（在公安局，接受询问） 警察：你们到底是什么关系？ 嫌疑人：**我们非敌非友，只是那天见过一面而已。**
③咱们非亲非故，您这么帮我，真是不知怎么感谢您才好。	（在机场，表达对他人的感谢） A：**咱们非亲非故，您这么帮我，真是不知怎么感谢您才好。** B：您别客气，咱们能在这儿碰到也是缘分。

◎ **补充例句**

①如不遵循艺术规律，就会创作出非驴非马的作品。
②这个画像非人非神，是人们想象出来的。
③这个作品的风格非中非西，但也可以说亦中亦西。
④非节非假的，公司怎么给大家发福利了？
⑤股份合作企业就是介于公私之间但又非公非私的经济组织。
⑥一个读书人非官非商，关心这些干什么？

◎ **结构特点**

“非A非B”可以作谓语、定语。A、B一般是意义相反或相对的名词或名词性语素。

① S + 非A非B（作谓语）
我们　非敌非友，只是那天见过一面而已。
这个作品的风格　非中非西，但也可以说亦中亦西。
②非A非B + 的 + N（作定语）
如不遵循艺术规律，就会创作出　非驴非马　的　作品。

63 固定短语：忽A忽B 【七一九 064】

◎ **基本语义及用法**

四字格，表示两种情况在短时间内交替出现，变化大。

◎ **典型例句和对话**

例句	交际实践
①书房的门关着，他们的说话声忽高忽低，谈得正高兴呢。	（在家，让儿子叫大人吃饭） 妈妈：你去叫爸爸和王叔叔过来吃饭。 儿子：书房的门关着，他们的说话声忽高忽低，谈得正高兴呢。

例句	交际实践
②我太紧张了，感觉心跳得忽快忽慢的。	（在家，边看电视边表达心情） A：哇，这段实在是太精彩了，我简直不敢喘气。 B：**我太紧张了，感觉心跳得忽快忽慢的。**
③最近女朋友对我忽冷忽热，忽近忽远，我不知该怎么办。	（在咖啡厅，聊女朋友的态度） A：我看你最近很烦躁，怎么了？ B：**最近女朋友对我忽冷忽热，忽近忽远，我不知该怎么办。**

◎ 补充例句

①最近天气忽冷忽热，你们要多加注意。
②音乐节奏忽快忽慢，舞蹈演员的动作幅度忽大忽小，配合得太精彩了。
③房间里只点了一支蜡烛，光线忽明忽暗。
④海边的天气就是这么变幻莫测，忽云忽雨。
⑤这个人物忽隐忽现，出场不多，但对情节的发展非常重要。
⑥这孩子太顽皮了，忽上忽下，忽左忽右，我根本看不住他。

◎ 结构特点

A、B 一般是意义相反或相对的形容词，也可以是动词和方位名词。“忽 A 忽 B”一般作谓语，也可以作补语。

① S + 忽 A 忽 B（作谓语）
他们的说话声　忽高忽低，谈得正高兴呢。
最近　天气　忽冷忽热，你们要多加注意。
② S + V + 得 + 忽 A 忽 B（作补语）
我的心　跳　得　忽快忽慢。

64 固定短语：连 A 带 B　【七一九 065】

◎ 基本语义及用法

四字格，可以表示两种意思：（1）表示两种动作紧接着、差不多同时发生；（2）表示前后两项包括在一起。

◎ 典型例句和对话

例句	交际实践
①几个女孩儿吓得连哭带叫。	（在游乐园，说明被吓的状态） A：你们进鬼屋了吗？ B：别提了，**几个女孩儿吓得连哭带叫**。
②信是男朋友写的，她高兴得连蹦带跳。	（在校园，说明高兴的原因） A：她一看到信怎么就大喊大叫的？ B：**信是男朋友写的，她高兴得连蹦带跳**。
③我们连本带利一共要还十五万元左右。	（在家，交流还贷款的情况） 妻子：如果贷款，到时候我们一共要还多少钱？ 丈夫：**我们连本带利一共要还十五万元左右**。

◎ 补充例句

①他们连说带唱，哄得老人非常开心。
②我连哄带劝，终于让她不再哭闹了。
③满院子大人小孩都连喊带叫地大哭大闹。
④他奋力冲出层层烟雾，连滚带爬地从六楼逃离了火海。
⑤有时我们喜欢连名带姓叫老师李天明，像同学的称呼。
⑥她把草莓连枝带叶一块儿扯了下来，装在筐里。

◎ 结构特点

（1）当A、B是动词时，“连A带B”一般作谓语、补语和状语。

① S + 连 A 带 B（作谓语）
他们　连说带唱，哄得老人非常开心。
我　连哄带劝，终于让她不再哭闹了。
② S + V/Adj + 得 + 连 A 带 B（作补语）
几个女孩儿　吓　得　连哭带叫。
她　高兴　得　连蹦带跳。
③ S + 连 A 带 B + 地 + VP（作状语）
他　连滚带爬　地　从六楼逃离了火海。
他们　连说带笑　地　走进来　了。

（2）当 A、B 是名词时，“连 A 带 B”一般作状语。

S＋连 A 带 B＋VP
我们　连本带利　一共要还十五万元左右。
她　把草莓　连枝带叶　一块儿扯了下来。

小提示

“连 A 带 B”中的 A、B 还可以是形容词，但形容词指的是具有该性质、状态的人或事物。例如：

他们连老带小一共来了二十多人。
我们这儿连强带弱能派出五十人就不错了。

65 固定短语：时 A 时 B　【七—九 066】

◎ 基本语义及用法

四字格，表示 A 情况和 B 情况交替出现，不稳定。

◎ 典型例句和对话

例句	交际实践
①小鸟发出的声音时长时短。	（在树林里，讨论鸟叫声） A：你听，**小鸟发出的声音时长时短**，好像有什么规律。 B：它是不是在跟朋友们发什么信号？
②他的成绩时好时坏，老师也拿他没办法。	（在家，交流孩子成绩） 妈妈：**他的成绩时好时坏，老师也拿他没办法。** 爸爸：我们还是得找到他成绩不稳定的根本原因。
③你的声音时断时续，听不清楚。	（打电话，电话信号不好） A：**你的声音时断时续，听不清楚。** B：这边网络信号不好，我重新连一下儿。

◎ **补充例句**

①他俩坐在角落里聊天儿，说话声音时高时低，不知在谈论什么。

②你大步走时要保持均匀的速度，不要时快时慢。

③这个配音演员太厉害了，声音时高时低，时粗时细，竟然能配这么多不同的角色。

④外面的雪时大时小，短时间内停不下来。

⑤她来公司的时间不固定，时早时晚，你最好提前跟她约一下儿。

⑥我觉得头晕胸闷，感觉脉搏的跳动时有时无。

◎ **结构特点**

“时 A 时 B”一般作谓语，A、B 是意义相反或相对的形容词或动词。

S + 时 A 时 B
小鸟发出的声音　时长时短。
你的声音　时断时续，听不清楚。

66 固定短语：自 A 自 B

【七—九 067】

◎ **基本语义及用法**

四字格。A 与 B 的语义关系有三种：（1）意义相反，如“自生自灭、自问自答”；（2）意义相同或相近，如“自说自话、自觉自愿”；（3）意义有一定关联，如“自弹自唱、自卖自夸”。“自 A 自 B”一般表示“自己 A，自己 B”。

◎ **典型例句和对话**

例句	交际实践
①一路上老板自说自话感慨了半天。	（在停车场，说明老板的状态） 司机：一路上老板自说自话感慨了半天。 秘书：看来这次事件让老板很受触动啊。
②想到你对我们工作造成的损失，我应该让你自作自受才对。	（在办公室，警告员工的做法） 王经理：想到你对我们工作造成的损失，我应该让你自作自受才对。 员工：经理，谢谢您的宽容，我这次真是太冲动了。

例句	交际实践
③你也别自卖自夸了，我们等检测结果出来再谈吧。	（在公司，等待检测结果） A：**你也别自卖自夸了，我们等检测结果出来再谈吧。** B：我们可以一边等检测结果，一边谈合同啊。

◎ 补充例句

①她在舞台上自弹自唱，赢得了观众的阵阵掌声。

②这个小工厂自产自销，业绩非常不错。

③学生们都回答不出这个问题，老师只好自问自答。

④你要看到自己的优点，不要自暴自弃。

⑤我们都是自觉自愿地来这里支持你们的。

⑥这部电影是他自编自导的。

◎ 结构特点

A、B 多是动词性成分，极少数是形容词性成分。“自 A 自 B”一般作定语、宾语、谓语，也可以作状语、主语、补语。

①自 V_1 自 V_2

她在舞台上　**自弹自唱**。

你也别　**自卖自夸**　了。

②自 A_1 自 A_2

他可真是　**自高自大**　的人。

做人不应该　**自轻自贱**。

③自 V 自 A

那个人特别喜欢　**自夸自大**。

小提示

（1）A、B 有时是形容词，如“自高自大”，但这里的形容词是当作动词来用的，如“自高自大”的意思是自己觉得自己高大，也就是自以为了不起。

（2）该格式可以是三项“自 X”的组合，也就是“自 A 自 B 自 C”。例如：

这部电影是他自编自导自演的。

67 固定短语：巴不得 【七—九 068】

◎ 基本语义及用法

表示迫切希望，一般用于可能做到的事情。

◎ 典型例句和对话

例句	交际实践
①他一口气跑了半个多小时，巴不得一步就到家。	（在家，麦克气喘吁吁地进门） 妈妈：麦克怎么了？怎么喘得这么厉害？ 哥哥：**他一口气跑了半个多小时，巴不得一步就到家。**
②我做够了这个行业，巴不得早点儿离开。	（在办公室，交流行业前景） A：今年公司业绩不景气，听说可能会裁掉一些员工。 B：**我做够了这个行业，巴不得早点儿离开。**
③天气这么热，我巴不得多下几场雨。	（打电话，聊天气） A：天气预报说这两天都有雨。 B：**天气这么热，我巴不得多下几场雨。**

◎ 补充例句

①我们都巴不得明天不上班呢。
②病人巴不得早点儿出院。
③我爸身体不好，妈妈巴不得他早点儿退休。
④我妈在家闲着没事，巴不得有人找她聊天儿呢。
⑤孩子巴不得天天放假，不用上学。
⑥这次是去上海出差，小李当然巴不得派他去呢。

◎ 结构特点

S + 巴不得 + VP
我们　都　巴不得　明天不上班　呢。
天气这么热，我　巴不得　多下几场雨。

68 固定短语：别提了

【七一九 069】

◎ 基本语义及用法

意思是“别说了、不要说了”，用于口语。

◎ 典型例句和对话

例句	交际实践
①晚饭还没开始吃他就已经醉了，后来就更别提了。	（在公司，讨论合同没签的原因） A：昨天你和张经理签好合同了吗？ B：没有。**晚饭还没开始吃他就已经醉了，后来就更别提了。**
②别提了，我根本都不认识那个人，他硬拉着我不让我走。	（在路上，遇见行为怪异的人） A：刚才那个人是谁啊？ B：**别提了，我根本都不认识那个人，他硬拉着我不让我走。**
③别提了，长城上风特别大，快把我刮跑了。	（打电话，询问游玩结果） A：你今天去长城玩儿得怎么样？ B：**别提了，长城上风特别大，快把我刮跑了。**

◎ 补充例句

①她连考试时间都能忘记，其他事情就别提了。

②我们到的时候，她还没起床呢，买菜、做饭就更别提了。

③别提了，她说话口音太重，我们都没听懂。

④别提了，我昨天怎么也睡不着，看了一晚上的电视。

⑤别提了，那部电影非常无聊，我看了几分钟就出来了。

⑥别提了，伦敦那几天都下雨，我们哪儿都去不了。

◎ **结构特点**

（1）“别提了”可以作谓语。

S_1 + P，S_2 + 就（+ 更）+ 别提了
晚饭还没开始吃　他　就已经醉　了，后来　就　更　别提了。
她　连考试时间都能忘记，其他事情　就　别提了。

（2）“别提了”还常常用于对话体答句的句首，后边一般是不如意的情况。

别提了，S + P
别提了，长城上风　特别大，快把我刮跑了。

69 固定短语：除此之外 【七—九 070】

◎ **基本语义及用法**

意思是“除了这个以外”，“此”指代上文所说的事物或情况。

◎ **典型例句和对话**

例句	交际实践
①他是个老师，除此之外，我不知道别的。	（在派出所，询问信息） A：他是什么人？ B：他是个老师，除此之外，我不知道别的。
②我只带了一个书包，除此之外，什么都没带。	（在机场，询问行李托运） A：你的行李托运了吗？ B：我只带了一个书包，除此之外，什么都没带。
③我擅长跳舞、唱歌，除此之外，还会弹钢琴。	（在面试，询问特长） A：你有什么特长？ B：我擅长跳舞、唱歌，除此之外，还会弹钢琴。

◎ **补充例句**

①她喜欢看书、写诗，除此之外，别无其他爱好。
②妈妈很关注我的身心健康，除此之外，没有其他的要求。

③她只能看懂家人的名字，除此之外，再不认识其他汉字了。

④桌子上摆着一些书和一台电脑，除此之外，还放着一瓶花儿。

⑤王老师带上打印好的各种材料，除此之外，他还带了移动硬盘。

⑥这学期我们会组织留学生游览长城、看演出、参观展览，除此之外，还会安排其他的语言实践活动。

◎ 结构特点

“除此之外”用来衔接上下文，后边常用逗号。所连接的两个分句，主语可以相同，也可以不同。

① $S+P_1$，除此之外，(S+) P_2

王老师　带上打印好的各种材料，除此之外，他　还带了移动硬盘。

我　擅长跳舞、唱歌，除此之外，还会弹钢琴。

② S_1+P_1，除此之外，S_2+P_2

他　是个老师，除此之外，我　不知道别的。

70 固定短语：归根到底　【七一九 071】

◎ 基本语义及用法

意思是“归结到根本上、总而言之”，用来对前面的话做总结。有时写作“归根结底”。

◎ 典型例句和对话

例句	交际实践
①人生归根到底是一个人的旅行。	（在咖啡厅，聊人生） A：人生归根到底是一个人的旅行。 B：途中有人上车，有人下车，没有人会始终跟你在一起。
②归根到底，丈夫是解决婆媳问题的关键。	（在饭馆，讨论如何解决婆媳矛盾） A：婆媳之间的很多矛盾都是丈夫不作为或方法不适当造成的。 B：归根到底，丈夫是解决婆媳问题的关键。

例句	交际实践
③这事归根到底是我们做得不对。	（在家，承认某件事自己做得不对） 丈夫：这事归根到底是我们做得不对。 妻子：我们去跟他们道歉吧。

◎ 补充例句

①归根到底，成长是一种幸福。
②这些问题归根到底都是因为缺钱。
③这笔生意为什么一直谈不成？归根到底，你们没办法解决运输问题。
④世界是我们老人的，也是你们青年人的，但归根到底是你们青年人的。
⑤很多人不敢开口说英语，原因很多，但是归根到底还是害怕出错。
⑥父母可以帮你一时，但归根到底，你的生活要靠你自己。

◎ 结构特点

“归根到底”常在主语后作状语，也可以用在主语前边，后边要有逗号。

① S + 归根到底 + VP
人生　归根到底　是一个人的旅行。
这些问题　归根到底　都是因为缺钱。
②归根到底，S + VP
归根到底，成长　是一种幸福。
归根到底，你的生活　要靠你自己。

71 固定短语：可不是 【七—九 072】

◎ 基本语义及用法

表示附和和赞同对方的话。用于对话体，也可以说成“可不”。

◎ 典型例句和对话

例句	交际实践
①可不是，警察都已经来了。	（在小区门口，询问出了什么事） A：什么？我们家出事了？ B：**可不是，警察都已经来了。**
②可不是，我孙子都要上小学了。	（在公园，聊孩子） A：小孩子长得真快啊！ B：**可不是，我孙子都要上小学了。**
③可不是嘛，我儿子每天早上七点去上班，晚上九点才能到家。	（在公园，聊年轻人的辛苦） A：现在年轻人真是辛苦啊。 B：**可不是嘛，我儿子每天早上七点去上班，晚上九点才能到家。**

◎ 补充例句

①A：今年夏天雨水真多啊。
B：可不是，这个星期就下了三次雨了。
②A：我做这些都是为了她好，难道错了吗？
B：可不是，女儿已经长大了，你应该让她自己做决定。
③A：一个人做饭太麻烦了，还不如叫外卖呢。
B：可不是，叫外卖还能天天换口味。
④A：听说中国的老人退休后生活可丰富了。
B：可不是嘛，我妈妈不是去唱歌，就是去跳舞，还经常和朋友出去旅游。
⑤A：要我说，糖尿病就是个富贵病。我们平时不能吃得太多、太好。
B：可不是，不要老吃精细的食物，而且还得多加强身体锻炼。
⑥A：昨天写了一晚上作文，今天头疼得厉害。看来以后不能熬夜了。
B：可不是，熬夜最伤身体了。

◎ 结构特点

“可不是”一般用于句首，后边经常用语气词“嘛”。

可不是（+嘛），S + P
可不是，警察　都已经来了。

可不是嘛，我儿子　每天早上七点去上班，晚上九点才能到家。

72 固定短语：没说的 【七—九 073】

◎ 基本语义及用法

意思是没有想说的话，无须多说。用于口语，常用来表示同意、肯定、赞扬。有时也说成“没的说”。

◎ 典型例句和对话

例句	交际实践
①我愿意做这份工作，那是没说的，只是我的身体有些吃不消。	（在公司，职员黄冬要离职） 王经理：黄冬，听说你要离职，是不喜欢这份工作吗？ 黄冬：**我愿意做这份工作，那是没说的，只是我的身体有些吃不消。**
②新来的领导我都见过了，真是没说的！	（在办公室，谈论新来的领导） A：**新来的领导我都见过了，真是没说的！** B：你只见一面就知道了？
③没说的，有什么需要我做的，尽管告诉我。	（打电话，向老同学求助） A：老同学，我现在遇到了困难，需要你帮我一把。 B：**没说的，有什么需要我做的，尽管告诉我。**

◎ 补充例句

①老李啊，没说的，真是个大好人。

②董事长的能力没说的，大家都佩服她。

③李校长的个人品质没说的。

④大家都看好麦克，他当选班长没说的。

⑤没说的，这次制订旅行计划的事我全包了。

⑥没说的，哪个地方都没有家乡好啊。

◎ 结构特点

“没说的”可以作谓语，也可以单用于句首。

①S＋没说的
李校长的个人品质　没说的。
②没说的，S＋P
没说的，你　需要我做什么？

73 固定短语：无论如何 【七—九 074】

◎ 基本语义及用法

意思是“不管怎么样”，表示不管什么情况，事情的结果都是不变的。

◎ 典型例句和对话

例句	交际实践
①无论如何，我没有别的选择。	（在办公室，回答放弃学业的原因） 老师：你学习这么好，为什么要退学回国呢？ 学生：我家里遇到了很大的变故，**无论如何，我没有别的选择**。
②这次我无论如何都要打败你。	（在球场，即将要比赛） A：**这次我无论如何都要打败你**。 B：好啊，看谁能笑到最后。
③你无论如何都要在下星期三以前赶回来。	（打电话，老家的父亲着急见女儿） 父亲：这是家庭大事，**你无论如何都要在下星期三以前赶回来**。 女儿：好，我马上就去找领导请假。

◎ 补充例句

①无论如何，我们的友谊是不会变的。
②无论如何，你都不应该退学。
③无论如何，我们都要坚持到最后。
④听到这里，他无论如何也不答应对方的请求。

⑤她听说你在这儿，无论如何都要过来看看。

⑥王老师无论如何也不会批准这个方案的。

◎ 结构特点

“无论如何”作状语，后边常有“也”或“都”呼应。如果位于主语前边，“无论如何”后边要用逗号。

① S + 无论如何 + VP

听到这里，他　无论如何　也不答应对方的请求。

你　无论如何　都要在下星期三以前赶回来。

②无论如何，S + VP

无论如何，我　没有别的选择。

无论如何，我们　都要坚持到最后。

74 固定短语：由此可见 【七—九 075】

◎ 基本语义及用法

“此”指代前边出现的句子，“由此可见”承接上文，意思是从这里可以看出、从这里可以得出结论。也可以说成“可见”。

◎ 典型例句和对话

例句	交际实践
①很多中国孩子从小就学习书法，由此可见书法在中国教育中的重要地位。	（在讲座上，谈书法的地位） 大卫：请问，书法在当代中国的地位怎么样？ 李教授：很多中国孩子从小就学习书法，由此可见书法在中国教育中的重要地位。
②他幻想着将来住在爷爷家里以后要干些什么事，一遍遍说个没完。由此可见，他对母亲的感情不深。	（在教室，回答课文问题） 老师：小说主人公跟母亲的关系怎么样？ 学生：他幻想着将来住在爷爷家里以后要干些什么事，一遍遍说个没完。由此可见，他对母亲的感情不深。

例句	交际实践
③医生建议王校长保守治疗，由此可见，她的病情不太乐观。	（在办公室，谈论校长的病情） 李老师：王校长的病情怎么样了？ 张老师：**医生建议王校长保守治疗，由此可见，她的病情不太乐观。**

◎ **补充例句**

①同样是给老人让座，中国老人会很开心地接受，有些国家的老人可能会不高兴地拒绝。由此可见，中外文化存在着不少差异。

②在外地学习、工作的中国人一般都会在除夕前赶回老家，由此可见年夜饭在中国人心目中的重要性。

③我们看到，很多在学校里学习成绩好的学生，工作以后未必表现出色。由此可见，学习成绩并不能决定一切。

④假如人人都不讲诚信，那我们的生活一定乱七八糟。由此可见，讲诚信有多么重要。

⑤现在很多村庄由于饮用水被污染不得不搬迁。由此可见，人类污染了水资源，最终的受害者还是人类自己。

⑥当时大家都不看好她的项目，但是她一直在努力，最终取得了成功。由此可见，只要目标明确，持之以恒，就能有所成就。

◎ **结构特点**

“由此可见”用于上下文中，后边的句子是根据前边内容得出的判断或结论。

① S + P，由此可见 + NP

很多中国孩子　从小学习书法，由此可见　书法在中国教育中的重要地位。

② $S_1 + P_1$，由此可见，$S_2 + P_2$

医生　建议王校长保守治疗，由此可见，她的病情　不太乐观。

75 固定短语：与此同时　【七—九 076】

◎ **基本语义及用法**

位于两种情况之间，表示并列关系，常含有进一层的意味。一般用于书面语。

◎ 典型例句和对话

例句	交际实践
①他因为这部电视剧一夜之间家喻户晓，与此同时，找他来拍广告的人越来越多。	（在家看电视，讨论明星） 姐姐：这个明星是谁呀？ 弟弟：他是新演员，**他因为这部电视剧一夜之间家喻户晓，与此同时，找他来拍广告的人越来越多。**
②我们会把产量提高上去，与此同时也一定保证质量。	（在公司，陈述下半年的计划） 总经理：下半年你们厂有什么规划？ 厂长：**我们会把产量提高上去，与此同时也一定保证质量。**
③学生们每天认真听课，与此同时也积极完成各种作业。	（在学校，陈述学生学习状态） 教师 A：学生们最近的学习状态怎么样？ 教师 B：**学生们每天认真听课，与此同时也积极完成各种作业。**

◎ 补充例句

①太阳快落山了，与此同时天空出现了晚霞。

②几个月之后，他的眼睛开始不停地流眼泪，与此同时，他的视力也变得越来越差。

③国家非常重视历史文化遗产的保护，与此同时，还呼吁人们重视传统文化的学习。

④随着医疗的发展，人的寿命也越来越长了，与此同时，“老龄化”也成了一种社会问题。

⑤我们要大力推广有机食品，与此同时，还要进一步推动科技的发展，提高有机食品的质量。

⑥为了减少吸烟对青少年的不良影响，政府不仅要加强宣传的力度，与此同时还应该制定相关法律。

◎ 结构特点

“与此同时”一般用于两个表并列关系的分句之间，承接前文，可以有停顿，也可位于后一分句句首。

$S_1 + VP_1$，与此同时，$S_2 + AP/VP_2$
他　因为这部电视剧一夜家喻户晓，与此同时，找他来拍广告的人　越来越多。
他的眼睛　开始不停地流眼泪，与此同时，他的视力　也变得越来越差。

76 固定短语：这样一来 【七—九 077】

◎ 基本语义及用法

位于两种情况之间，表示由于某种原因，导致了某种结果。常用作独立成分。也说“这么一来”。

◎ 典型例句和对话

例句	交际实践
①父母过度干涉孩子生活，这样一来，矛盾就产生了。	（在教室，谈论大卫与父母闹矛盾） A：他怎么又和父母闹矛盾了？ B：**父母过度干涉孩子生活，这样一来，矛盾就产生了。**
②你可以提前了解一下儿对方，这样一来，有了共同话题就比较容易走近。	（在咖啡厅，交流如何与他人找话题） A：我明天要参加一个小型聚会，面对不太熟悉的朋友没话题怎么办？ B：**你可以提前了解一下儿对方，这样一来，有了共同话题就比较容易走近。**
③一个人要虚心听取不同意见，这样一来，你就能不断进步。	（在家，教育孩子） 儿子：我就是不喜欢别人给我提什么意见！ 妈妈：**一个人要虚心听取不同意见，这样一来，你就能不断进步。**

◎ 补充例句

①小鸟一到早晨总是在我窗前唱歌，这样一来，我就醒了。
②他听了医生的话，每天都去外面散步，这样一来，他的身体越来越好了。
③父母很少干涉我的生活，这样一来，我就养成了独立的性格。
④我在中国很喜欢参加各种志愿者活动，这样一来，我就有了很多中国朋友。

⑤老师在课上讲的内容生动有趣，这样一来，同学们学好中文的信心十足。

⑥现在不少国家把中文列为必修课，这样一来，来中国留学的学生越来越多了。

◎ 结构特点

“这样一来”一般用于两个表因果关系分句之间，承接前文，有停顿。

$S_1 + VP_1$，这样一来，$S_2 + VP_2$

父母　很少干涉我的生活，这样一来，我　就养成了独立的性格。

小鸟　总是在我窗前唱歌，这样一来，我　就醒　了。

77 固定短语：综上所述

【七—九 078】

◎ 基本语义及用法

表示总结上文的内容，意为“综合上面的表述”，用于文章的末尾句。一般用于书面语。

◎ 典型例句和对话

例句	交际实践
①综上所述，想处理好与长辈的关系，我觉得我们应该多与长辈交流。	（在教室，交流如何处理好与长辈的关系） 教师：我们如何处理好与长辈的关系？ 学生：最主要的是交流和沟通。长辈与我们生活的环境不一样，因此对事情的理解与看法也不同。交流与沟通是人与人相互理解的最好方法。**综上所述，想处理好与长辈的关系，我觉得我们应该多与长辈交流。**
②综上所述，我认为父母是孩子最好的老师。	（在教室，表达父母在孩子成长中的作用） 教师：你觉得孩子成长过程中父母的主要角色是什么？ 学生：孩子在成长过程中，来自父母的影响最大，父母的言行会影响孩子一辈子，孩子是通过父母接触社会、了解社会的。**综上所述，我认为父母是孩子最好的老师。**

例句	交际实践
③综上所述，鼓励学生是提高学习积极性的最好方法。	（在办公室，交流提高学生积极性的方法） 教师 A：你认为我们该怎么提高学生的积极性呢？ 教师 B：学生在学习期间会遇到各种各样的困难，有的学生意志力不强，很容易中途放弃学习。因此在这个过程中需要借助教师的力量，那就是鼓励。**综上所述，鼓励学生是提高学习积极性的最好方法。**

◎ 补充例句

①综上所述，如果希望交流顺利地进行，需要大家共同努力。
②综上所述，随着科技的发展，人们越来越依赖手机。
③综上所述，我认为情况比你想的严重得多。
④综上所述，解决问题的关键在于国家之间的互相帮助。
⑤综上所述，我非常赞成你们的看法。
⑥综上所述，我认为吸烟对个人健康和公众利益都是有害的。

◎ 结构特点

“综上所述”一般用于文章末尾句句首，有停顿，末尾句有可能是单句，也可能是复句。

……综上所述，+ 单句 / 复句
综上所述，我认为情况比你想的严重得多。
综上所述，如果希望交流顺利地进行，需要大家共同努力。

因为一般用于总结上文的内容，发表主观见解，所以，“综上所述”常与“我 / 我们认为、我 / 我们觉得”等形式共现。

……综上所述，我 / 我们 + 认为 / 觉得 + S + VP
综上所述，我　认为　父母　是孩子最好的老师。
综上所述，想处理好与长辈的关系，我　觉得　我们　应该多与长辈交流。

78 固定短语：总的来说 / 总而言之 【七—九 079】

◎ 基本语义及用法

表示下文是总括性的话，相当于“总之、概括起来说”，一般用于文章的末尾句。“总的来说”多用于口语，“总而言之”多用于书面语。

◎ 典型例句和对话

例句	交际实践
①总的来说 / 总而言之，他的身体状况还不错。	（在教室，选拔运动员） A：大卫的身体状况怎么样？ B：他不怎么生病，冬天还经常穿短袖衣服，**总的来说 / 总而言之，他的身体状况还不错。**
②总的来说 / 总而言之，学着做孩子的朋友吧！	（在学校，谈如何与孩子沟通） 家长：李老师，最近孩子在家都不说话，还不愿意沟通。 老师：您可以主动和孩子交流，和孩子共同做孩子感兴趣的事情，**总的来说 / 总而言之，学着做孩子的朋友吧！**
③他的专业能力很不错，工作态度也很端正，总的来说 / 总而言之是个很好的合作伙伴。	（在咖啡厅，咨询未来合伙人的情况） A：山本是怎样一个人？ B：**他的专业能力很不错，工作态度也很端正，总的来说 / 总而言之是个很好的合作伙伴。**

◎ 补充例句

①大家都觉得地板最难擦，还浪费时间，总的来说 / 总而言之，谁都不愿意擦地板。

②只要把平时的实力发挥出来就可以，不要想其他的，总的来说 / 总而言之，不要太紧张，否则会影响你的发挥。

③比赛拿不到第一也没关系，一定要享受比赛的过程，总的来说 / 总而言之，最重要的应该是过程，而不是结果。

④你要主动去找客户谈，不要等客户来找你，总的来说 / 总而言之，要想

解决这件事，就一定要有积极的态度。

⑤他说话态度差，工作又不认真，总的来说/总而言之就一句话，我不喜欢他。

⑥不开心的时候多想想自己的家人、朋友，他们都很关心你，总的来说/总而言之，你真挺幸福的。

◎ 结构特点

“总的来说、总而言之”一般用于文章末尾句句首，可有停顿，末尾句有可能是单句，也可能是复句。

……，总的来说/总而言之（，）+单句/复句
总的来说/总而言之，谁都不愿意擦地板。
总的来说/总而言之，要想解决这件事，就一定要有积极的态度。

79 固定格式：不知……好 【七一九 080】

◎ 基本语义及用法

表示遇到事情不知道该怎么办。

◎ 典型例句和对话

例句	交际实践
①这件事很复杂，不知如何解决才好。	（在咖啡厅，询问朋友情况） A：上午你跟我说的事情解决了吗？ B：**这件事很复杂，不知如何解决才好。**
②看他紧张得手心都是汗，我也不知说什么好。	（在家，询问儿子比赛情况） 丈夫：上午陪儿子参加比赛，情况如何？ 妻子：**看他紧张得手心都是汗，我也不知说什么好**，只能不停地喊“加油”。
③真不知怎么报答你们才好。	（在公司，向同事表示感谢） A：昨天的事情我们已经帮你解决啦！ B：太谢谢你们了，**真不知怎么报答你们才好。**

◎ 补充例句

①我真的不知怎么哄你才好。
②本来有很多话想对你说，可是这样拿起笔真不知该写什么好。
③当时我真着急了，不知说什么好。
④昨天遇到火灾，当时吓得我不知如何是好。
⑤事情发生得太突然，不知该怎么解决才好。
⑥教练一声令下，学员们突然不知怎么办才好。

◎ 结构特点

固定短语“不知……好”中间一般加动词性成分，动词经常受“怎么、如何、什么”等代词的修饰。

（S＋）不知＋怎么 VP/ 如何 VP/V 什么（＋才）＋好
我　真的　不知　怎么　哄你　才　好。
不知　如何　解决　才　好。
不知　说什么　好。

80 固定格式：所谓……就是…… 【七—九 081】

◎ 基本语义及用法

“所谓”指“所说的”，整个格式一般用于提出需要解释的词语，接着加以解释。

◎ 典型例句和对话

例句	交际实践
①房内没有一样值钱的东西，所谓家具就是这几把椅子。	（在家，夫妻俩回忆过去） 妻子：咱们结婚的时候可真是穷啊。 丈夫：是啊，房内没有一样值钱的东西，所谓家具就是这几把椅子。

例句	交际实践
②所谓没有时间，就是因为我们没有很好地利用它。	（在咖啡厅，聊时间） A：时间像海绵里的水，只要你愿意挤，总还是有的。 B：的确是，**所谓没有时间，就是因为我们没有很好地利用它。**
③所谓静音就是一点儿声音都没有。	（在公司，解释事情） A：我开会的时候手机调成静音了呀。 B：你调错了，调成震动了，**所谓静音就是一点儿声音都没有。**

◎ 补充例句

①所谓流行歌曲就是当下人们最爱的歌曲。

②所谓幸福就是个人对生活满意的一种美好感觉。

③所谓“近朱者赤，近墨者黑”，就是指环境对一个人的影响很大。

④所谓尊师重教就是尊敬老师，重视教育事业。

⑤所谓自私就是遇到事情的时候只想着自己。

⑥所谓朋友就是当我们失意时也会陪伴在身边的人。

◎ 结构特点

固定格式“所谓……就是……”中，“所谓”可修饰名词性成分、动词性成分、形容词性成分、小句，“就是”后面的内容是对“所谓……”的解释。

所谓 + $NP_1/VP_1/AP/$ 小句 + 就是（因为 / 指）+ $NP_2/VP_2/$ 小句
所谓　流行歌曲　就是　当下人们最爱的歌曲。
所谓　没有时间，就是因为　我们没有很好地利用它。
所谓　自私，就是　遇到事情的时候只想着自己。
所谓　“近朱者赤，近墨者黑”，就是指　环境对一个人的影响非常大。

81 固定格式：无非 / 不过 / 只不过 / 只是……而已 / 罢了

【七—九 082】

◎ 基本语义及用法

表示事情或道理非常明显，很容易看清楚，具有把事情往小里说的意味。一般用于口语。

◎ 典型例句和对话

例句	交际实践
①无非 / 不过 / 只不过 / 只是一个小测试而已 / 罢了。	（在教室，安慰同学） A：明天考试了，我好紧张啊。 B：别紧张，**无非 / 不过 / 只不过 / 只是一个小测试而已 / 罢了**。
②不要相信他，那无非 / 不过 / 只不过 / 只是他的借口而已 / 罢了。	（在茶馆儿，谈论大卫） A：听说那边不太安全，大卫今晚就要回来。 B：**不要相信他，那无非 / 不过 / 只不过 / 只是他的借口而已 / 罢了**，那边很安全的。
③她会做这道题，无非 / 不过 / 只不过 / 只是假装不会而已 / 罢了。	（在教室，谈论是否帮助玛丽） A：玛丽好像不会做啊，咱们是不是得去帮她一下儿？ B：**她会做这道题，无非 / 不过 / 只不过 / 只是假装不会而已 / 罢了**。

◎ 补充例句

①那无非 / 不过 / 只不过 / 只是没有什么主意的行为而已 / 罢了。

②这无非 / 不过 / 只不过 / 只是一个作文考试而已 / 罢了。

③没那么严重，我无非 / 不过 / 只不过 / 只是说说而已 / 罢了。

④孩子和孩子之间的差距无非 / 不过 / 只不过 / 只是知识水平和理解力而已 / 罢了。

⑤不会有什么大事，无非 / 不过 / 只不过 / 只是短暂的逃避而已 / 罢了。

⑥这无非 / 不过 / 只不过 / 只是你一个人的见解而已 / 罢了。

◎ 结构特点

"无非 / 不过 / 只不过 / 只是……而已 / 罢了"的中间可以是名词性成分或动词性成分。

(S +) 无非 / 不过 / 只不过 / 只是 + NP/VP + 而已 / 罢了
无非 / 不过 / 只不过 / 只是 一个小测试 而已 / 罢了。
我 无非 / 不过 / 只不过 / 只是 说说 而已 / 罢了。

小提示

"无非 / 不过 / 只不过 / 只是……而已 / 罢了"不能修饰说话人认为的非常困难、难以解决的事情。例如：

* 这无非 / 不过 / 只不过 / 只是很难的考试而已 / 罢了。
这无非 / 不过 / 只不过 / 只是小考试而已 / 罢了。

82 固定格式：以……为……

【七一九 083】

◎ 基本语义及用法

等于"把……作为……"或"认为……是……"等。

◎ 典型例句和对话

例句	交际实践
①她以和平为主题，创作了一部小说。	（在咖啡厅，谈论安妮的小说） A：听说安妮又写了一部小说？ B：是的，**她以和平为主题，创作了一部小说**。
②你们不能只以自己为中心，要考虑别人的感受。	（在图书馆，与大声说话的同学沟通） A：你们能小点儿声吗？**你们不能只以自己为中心，要考虑别人的感受**。 B：抱歉，抱歉，我们小点儿声。
③我们真应该以他为榜样。	（在公司，表扬王经理） A：王经理今年的销售业绩又拿了第一。 B：太厉害了，**我们真应该以他为榜样**，多向他学习。

◎ **补充例句**

①我们应该以素养为核心进行教育。
②人们的生活肯定以生存为前提。
③我们应该以信任为前提进行交往。
④家庭要和睦，应该以互相尊重为宗旨。
⑤爱情是人生最美好的事情，婚姻以爱情为基础。
⑥家和万事兴，凡事都要以家庭和睦为重。

◎ **结构特点**

"以……为……"结构中，"以"后一般为名词性成分或动词性成分，"为"后一般也是名词性成分或动词性成分。

S + 以 + NP/VP + 为 + N
她 以 和平 为 主题，创作了一部小说。
我们 应该 以 信任 为 前提 进行交往。

小提示

两个"以……为……"并列，后面的"以"可省略。例如：
我们要以勤快为荣，（以）懒惰为耻。
我们应该以经济建设为中心，（以）文化建设为依托。

83 固定格式：因……而…… 【七—九 084】

◎ **基本语义及用法**

表示因为某种原因，最后达成某种结果。一般用于书面语。

◎ **典型例句和对话**

例句	交际实践
①我经常看到他因一件小事而快乐。	（在教室，谈论大卫） A：我看大卫是一个快乐的人。 B：是啊，我经常看到他因一件小事而快乐。

例句	交际实践
②她胆子很大，不会因这些奇怪的声音而害怕。	（在家，妻子听到奇怪的声音） 妻子：这是什么声音？女儿不会害怕吧？你快去看看。 丈夫：**她胆子很大，不会因这些奇怪的声音而害怕，你放心吧。**
③他因身体不舒服而没能参加歌唱比赛。	（在校园，聊同学没能获奖的原因） A：大卫怎么没拿到奖啊？他歌唱得那么好。 B：**他因身体不舒服而没能参加歌唱比赛。**

◎ 补充例句

①他每天因睡不够而没有时间吃早饭。

②上午的比赛因过于紧张而失败了。

③人们会因不同的环境而发生不同的改变。

④他因特殊的原因而离开了这座城市。

⑤他因身高突出而入选篮球队。

⑥同学们因取得的成绩而兴奋不已。

◎ 结构特点

“因……而……”结构中，“因”后面一般是名词性成分、形容词性成分或动词性成分，表示原因，“而”后面连接由此产生的结果。

S + 因 + NP/AP_1/VP_1 + 而 + AP_2/VP_2

他　因　一件小事　而　快乐。

他　每天　因　睡不够　而　没有时间吃早饭。

小提示

“因……而……”一般只能出现在单句形式中，“因”后一般不接单音节词语。例如：

* 他因高而入选篮球队。

他因身高突出而入选篮球队。

84 程度补语 3（1）：形容词/动词＋得＋不行【七—九 086】

◎ 基本语义及用法

“不行”可以作形容词或动词的程度补语，表示某种事物的性质或某种心理活动达到特别高的程度。一般用于口语。

◎ 典型例句和对话

例句	交际实践
①终于要去旅游了，儿子兴奋得不行。	（在家，讨论去旅游） 妻子：**终于要去旅游了，儿子兴奋得不行。** 丈夫：是啊，他一直盼着去参观故宫。
②念书时我对体育课也是讨厌得不行。	（在咖啡厅，聊过去上体育课） A：我小时候最不喜欢的就是体育课。 B：**念书时我对体育课也是讨厌得不行**，可现在却非常喜欢运动。
③我这几天累得不行，周末想在家休息。	（打电话，询问周末计划） 大卫：周末你有什么打算？ 安娜：**我这几天累得不行，周末想在家休息。**

◎ 补充例句

①她护照找不着了，急得不行，不知该怎么办才好。
②今天学校举办国际文化节，校园里热闹得不行。
③退休后，爷爷在家没事做，无聊得不行。
④半夜听到敲门声，我害怕得不行。
⑤大熊猫憨态可掬的样子让游客喜欢得不行。
⑥看着操场上朝气蓬勃的学生们，我羡慕得不行。

◎ 结构特点

“不行”用在形容词或心理动词后边作补语，中间要用结构助词“得”连接，没有相应的否定形式。

S + Adj/V 心理 + 得 + 不行
终于要去旅游了，儿子 兴奋 得 不行。
半夜听到敲门声，我 害怕 得 不行。

85 程度补语 3（2）：形容词 / 动词 + 得 + 要命 / 要死

【七—九 086】

◎ 基本语义及用法

“要命、要死”可以作形容词或动词的程度补语，表示某种程度达到极点。一般用于口语。

◎ 典型例句和对话

例句	交际实践
①他人不大，但是脾气大得要命。	（在公园，谈论孩子） A：你儿子一定很听话吧。 B：哪儿啊，**他人不大，但是脾气大得要命。**
②我最近太忙了，每天累得要死。	（在咖啡厅，询问近况） A：好久没见面了，你最近怎么样？ B：**我最近太忙了，每天累得要死。**
③白天你的电话怎么一直打不通？我着急得要命。	（打电话，询问不接电话的原因） A：**白天你的电话怎么一直打不通？我着急得要命。** B：我一直待在实验室，那儿手机信号不好。

◎ 补充例句

①这个蛋糕甜得要命。
②听到这个好消息，我们全家都高兴得要命。
③我家孩子看见医生就怕得要命。
④我的脸痒得要死，可能是过敏了。
⑤马上就要考试了，大家紧张得要死。
⑥她对这个房间的装饰嫌弃得要死。

◎ 结构特点

S + Adj/$V_{心理}$ + 得 + 要命 / 要死
这个蛋糕　甜　得　要命。
我家孩子　看见医生　就　怕　得　要命。
我　最近太忙了，每天　累　得　要死。
她　对这个房间的装饰　嫌弃　得　要死。

86 状态补语 3："个"引导的补语 【七—九 087】

◎ 基本语义及用法

由"个"引导的状态补语，对动作、动作的施事或受事进行描写。

◎ 典型例句和对话

例句	交际实践
①我们又是游泳，又是打水仗，玩儿了个痛快。	（在饭店，询问游玩的情况） A：你们今天在水上乐园玩儿得怎么样？ B：**我们又是游泳，又是打水仗，玩儿了个痛快。**
②那个小女孩儿哭个不停，说是找不到妈妈了。	（在公园，发现一个女孩儿在哭） A：**那个小女孩儿哭个不停，说是找不到妈妈了。** B：我们快把她送到管理员那儿去吧。
③他兴奋起来，一说就说个没完。	（在咖啡厅，谈论黄冬） A：真不知道黄冬怎么这么多话。 B：**是啊，他兴奋起来，一说就说个没完。**

◎ 补充例句

①我中午只吃了个半饱。
②她们根据这些线索猜了个八九不离十。
③我把房间里的东西翻了个底朝天，也没找到那本书。
④天像破了一个洞似的，雨下个不停。
⑤奶奶一见到孙子就笑个不停。
⑥我眼前不能有吃的，不然吃个没完。

◎ **结构特点**

由“个”引导的状态补语有两种形式：肯定形式的补语和否定形式的补语。

①肯定形式：
（S＋）V＋了＋个＋AP/NP
我们　又是游泳，又是打水仗，玩儿　了　个　痛快。
我　中午只　吃　了　个　半饱。
②否定形式：
S＋V＋个＋不停 / 不住 / 没完
那个小女孩儿　哭　个　不停，说是找不到妈妈了。
他　兴奋起来，一说就　说　个　没完。

87 “把”字句5：表致使：（主语＋）把＋宾语（施事）＋动词＋了

【七一九 088】

◎ **基本语义及用法**

在宾语前头用“把”组成介词短语作状语的一种句子，这里的“把”是“让、使”的意思，指事物的位置、状态或者结果在主语影响下发生变化，通常指不如意的一面。

◎ **典型例句和对话**

例句	交际实践
①去年她父母去世，后来又把丈夫死了。	（在公园，谈论张莉） A：张莉真可怜，**去年她父母去世，后来又把丈夫死了。** B：一下子遇到这么多事，她差点儿崩溃了。
②钱没挣着，却把老公跑了。	（在咖啡馆，谈论他人） A：去年她一直在外做生意，**钱没挣着，却把老公跑了。** B：真够不幸的，家就这么没了。
③他躺在床上抽烟，把被子着了。	（在家，询问发生火灾的原因） A：听说黄冬家昨天发生了火灾，怎么回事？ B：**他躺在床上抽烟，把被子着了。**

◎ 补充例句

①他账上的钱没要回来，还把借钱的跑没了。
②他俩的表演一点儿都不吸引人，你看把下面的观众都跑没了。
③他的开车技术也太差了，直接把车熄火了。
④这次流感太厉害了，把身体一向健康的爸爸都病倒了。
⑤新来的警察没经验，把罪犯跑丢了。
⑥这个妈妈也太粗心了，把孩子摔了。

◎ 结构特点

(S+) 把 + O（施事）+ VP + 了
去年她父母去世，后来又 把 丈夫 死 了。
钱没挣着，却 把 老公 跑 了。

小提示

时间副词放在“把”字前面，不能放在谓语动词前面。例如：
* 钱没挣着，却把老公去年跑了。
钱没挣着，去年却把老公跑了。

88 被动句 5（1）：被……所……　【七—九 089】

◎ 基本语义及用法

固定结构“被……所……”表示事情发生或者事物发生变化后产生的结果，用“被”引出动作的实施者，前面的主语是动作的受事者，一般用于书面语。

◎ 典型例句和对话

例句	交际实践
①这是我第一次感到自己被一个人所吸引。	（在咖啡厅，聊女朋友） A：祝贺你终于找到了自己喜欢的人！ B：是的，这是我第一次感到自己被一个人所吸引，现在感觉非常幸福！

例句	交际实践
②没想到，他竟然会被一个小学生所欺骗。	（在家，谈论哥哥发火原因） 爸爸：他可是大哥哥，怎么能对弟弟发那么大的火？ 妈妈：哈哈，因为**没想到，他竟然会被一个小学生所欺骗**。
③勇敢一点儿，不要被困难所吓倒。	（在学校，安慰同学） 同学：老师，我想放弃这次比赛，我下次再参加吧。 老师：**勇敢一点儿，不要被困难所吓倒**。

◎ 补充例句

①相声这种艺术形式越来越被广大观众所接受。
②听完他的故事，大家纷纷被他的奉献精神所感动。
③请各位考生不要被外面的噪声所干扰，专心答题。
④他被同学们的热情所感染，加入了志愿者的行列。
⑤同学们都被博物馆的新型机器人所吸引，久久不愿离开。
⑥观众今天被他的演技所征服，报以热烈的掌声。

◎ 结构特点

固定结构“被……所……”中的谓语动词一般为双音节。

①肯定形式：
S＋被＋O＋所＋V双
没想到，他 竟然会 被 一个小学生 所 欺骗。
②否定形式：
a. S＋没/没有＋被＋O＋所＋V双（陈述客观事实）
他 没/没有 被 一个小学生 所 欺骗。
b.（S＋）不能/不要＋被＋O＋所＋V双（表达主观意愿）
勇敢一点儿，不能/不要 被 困难 所 吓倒。
请 各位考生 不要 被 外面的噪声 所 干扰，专心答题。

小提示

否定副词、时间副词一般放在“被”字前面，不能放在谓语动词前面。例如：

* 请各位考生被外面的噪声所不要干扰，专心答题。

请各位考生不要被外面的噪声所干扰，专心答题。

* 观众被他的演技所今天征服，报以热烈的掌声。

观众今天被他的演技所征服，报以热烈的掌声。

89 被动句 5（2）：为……所……　　【七—九 089】

◎ 基本语义及用法

固定结构“为……所……”表示事情发生或者事物发生变化后产生的结果，用“为”引出动作的实施者，前面的主语是动作的受事者。一般用于书面语。

◎ 典型例句和对话

例句	交际实践
①他这种行为，为人类社会所不容。	（在家，边看电视边聊） 妻子：证据确凿，这个人的罪行给社会和国家造成了不可挽回的损失。 丈夫：他这种行为，为人类社会所不容。
②领导的这种行为往往不为人所信任。	（在公司，谈论领导） A：领导承诺的奖金这次又不兑现了。 B：这种事已经不是一次两次了，领导的这种行为往往不为人所信任。
③大家都为他那优美的歌声所吸引。	（在音乐厅门口，聊歌手） A：他人气可真高！昨天音乐厅里就挤满了人。 B：可不是嘛，大家都为他那优美的歌声所吸引。

◎ 补充例句

①这种局面最终为我们所控制。

②教育事业的发展一直都为政府所重视。

③公司采购了多台电脑为大家所挑选。
④他提出的建议已为公司所接受。
⑤我决不能为这一恶势力所逼迫，做出卖良心的事。
⑥不久的将来，人工很有可能为新型机器人所取代。

◎ 结构特点

固定结构“为……所……”中的谓语动词一般为双音节。

①肯定形式：
S + 为 + O + 所 + $V_{双}$
他这种行为 为 人类社会 所 不容。
②否定形式：
a. S + 没 / 没有 + 为 + O + 所 + $V_{双}$（陈述客观事实）
这种局面 最终 没 / 没有 为 我们 所 控制。
b. S + 不能 / 不要 + 为 + O + 所 + $V_{双}$（表达主观意愿）
他提出的建议 不能 为 公司 所 接受。

小提示

否定副词、时间副词一般放在“为”字前面，不能放在谓语动词前面。例如：
* 他提出的建议为公司所没有接受。
他提出的建议没有为公司所接受。
* 他提出的建议为公司所已接受。
他提出的建议已为公司所接受。
* 大家都为他那优美的歌声所昨天吸引。
大家昨天都为他那优美的歌声所吸引。

90 比较句 6（1）：比起……（来） 【七一九 090】

◎ 基本语义及用法

对两事物进行对比，由对象 A 引出被比较对象 B（人或者事物），突出被比较对象 B 在性状、程度上的差别。

◎ 典型例句和对话

例句	交际实践
①比起其他同学，我的想法太简单了。	（在教室，发表观点） 老师：没有听见你发言，说说你的看法吧。 同学：我还没想好，**比起其他同学，我的想法太简单了**。
②比起唱歌来，他更喜欢跳舞。	（在咖啡厅，看弟弟的视频） A：你弟弟可真活泼，唱歌、跳舞样样拿手。 B：其实**比起唱歌来，他更喜欢跳舞**。
③比起昨天来，今天凉快多了。	（在路边，讨论天气） A：今天一下雨，气温就降下来了。 B：**比起昨天来，今天凉快多了**。

◎ 补充例句

①比起西餐来，我更想吃中餐。
②比起口头表扬，大家更想要物质奖励。
③比起打车，他觉得地铁更方便。
④比起你的报告，他的更详细、全面一点儿。
⑤比起听到的，我更相信自己看到的。
⑥比起我，你可勤快多了。

◎ 结构特点

比起 + NP/VP_1（+ 来），S + AP/VP_2
比起　其他同学，我的想法　太简单　了。
比起　唱歌　来，他　更喜欢跳舞。

小提示

"比起 + A（来）"结构一般放在句首，不能放在第二个分句中。例如：

* 我的想法太简单了，比起其他同学。
比起其他同学，我的想法太简单了。

91 比较句 6（2）：A + 形容词 + 于 + B 【七一九 090】

◎ 基本语义及用法

对两事物进行对比，由比较对象 A（人或者事物）引出被比较对象 B，突出被比较对象 B（人或者事物）在性状、程度上的差别，且 B 的程度更深。

◎ 典型例句和对话

例句	交际实践
①享受比赛过程重于比赛的结果。	（在教室，安慰他人） 学生：抱歉，老师，这次比赛我没发挥好。 老师：没关系，**享受比赛过程重于比赛的结果**。
②在施工现场，工人们的安全高于一切，大于一切。	（在会议室，部署工作） 经理：**在施工现场，工人们的安全高于一切，大于一切**。 职员：您放心，我们一定会遵照您的指示去做。
③这个月家里的开支大于上个月。	（在家，讨论家庭开支） 妻子：还没到月底，钱怎么都用光了？ 丈夫：好好算算，**这个月家里的开支大于上个月**。

◎ 补充例句

①这次考试他的分数低于平均分。
②同学们都觉得这次的考题难于上一次。
③他的年龄小于班里所有同学，才十七岁。
④这批产品的质量明显高于我们的预期。
⑤我到校的时间晚于其他同学，所以得加倍努力。
⑥他交卷子的时间早于我们所有人。

◎ 结构特点

NP_1 + Adj + 于 + NP_2
他的年龄　小　于　班里所有同学。
这批产品的质量　明显　高　于　我们的预期。

小提示

“NP_1 + Adj + 于 + NP_2”结构的否定形式，一般不是在“于”前面加“不能、不要、没、没有、不”等否定词，而是用与原句意义相反的形容词来表示。例如：

这批产品的质量明显高于我们的预期。

* 这批产品的质量明显不 / 没 / 没有高于我们的预期。

这批产品的质量明显低于我们的预期。（相反）

这次考试他的分数低于平均分。

* 这次考试他的分数不 / 不能 / 不要低于平均分。

这次考试他的分数高于平均分。（相反）

92 比较句 6（3）：A + 比 + 名词 + 还 + 名词【七—九 090】

◎ 基本语义及用法

以“比……”引出比较对象（人或者事物），用来突出比较对象 A（人或者事物）在性状、程度上的差别，A 的程度更深。

◎ 典型例句和对话

例句	交际实践
①扮相、举止比女人还女人！	（在剧院，看京剧） A：你说那个演员是男的？**扮相、举止比女人还女人！** B：京剧中这种角色叫“男旦”。
②他穿着得体，身姿挺拔，举止优雅，比绅士还绅士。	（在家，谈论电影中的人物） A：**他穿着得体，身姿挺拔，举止优雅，比绅士还绅士。** B：是啊，光看外表，哪能看出他是一个管家啊！
③他总能在困难的时候帮上我，真是比兄弟还兄弟。	（在咖啡厅，聊好友） A：你们俩的关系真好，像亲兄弟似的。 B：**这么多年来，他总能在困难的时候帮上我，真是比兄弟还兄弟。**

◎ 补充例句

①我们之间没有血缘关系，但是他对我比亲人还亲人。
②他根本没用心，文章写得比垃圾还垃圾。
③他一个绅士，做起事来简直比强盗还强盗。
④这个天才的记忆力比电脑还电脑。
⑤这个唱摇滚的歌手明明是女儿身，一开口却唱得比男人还男人。
⑥这里的唐人街到处都是中国元素，简直比中国还中国。

◎ 结构特点

S	+ 比	+ $N_{双}$	+ 还	+ $N_{双}$
他 简直	比	强盗	还	强盗！
他 对我	比	亲人	还	亲人。

小提示

“比……还……”一般没有否定形式。例如：
* 他简直不 / 不要比强盗还强盗！
他简直比强盗还强盗！

93 并列复句：一面……，一面…… 【七一九 091】

◎ 基本语义及用法

表示两个动作同时发生，也可用来对两个相反动作表达的两个相互矛盾的情况进行对比。

◎ 典型例句和对话

例句	交际实践
①他一面听老师讲课，一面认真记笔记。	（在办公室，夸奖学生） 教师 A：麦克最近进步很大，作业完成得又快又好。 教师 B：可不是嘛，上课时**他一面听老师讲课，一面认真记笔记**，非常认真专心。

例句	交际实践
②他一面做作业，一面看电视，一点儿都不用心。	（在家，询问妻子生气的原因） 爸爸：孩子怎么又惹你生气了？ 妈妈：**他一面做作业，一面看电视，一点儿都不用心。**
③为了凑够留学资金，他一面上班，一面在外面兼职挣钱。	（在咖啡厅，谈论王强） A：王强最近看起来很累，是不是生活压力太大了？ B：他不是一直想留学嘛！**为了凑够留学资金，他一面上班，一面在外面兼职挣钱。**

◎ 补充例句

①她喜欢一面吃零食，一面看电视。
②观众们一面欣赏台上的相声表演，一面喝茶。
③医生一面询问病情，一面仔细观察病人。
④游客在船上一面欣赏风景，一面品尝当地的美食。
⑤他一面说要减肥，一面却大吃大喝，难怪减肥失败了。
⑥她一面说自己不喜欢跳舞，一面又去上舞蹈课，真不知道她是怎么想的。

◎ 结构特点

如果两个动词性成分相互矛盾，第二个分句要在“一面”之后加“却、又”。

① S + 一面 + VP_1，一面 + VP_2
他　一面　听老师讲课，一面　认真记笔记。
② S + 一面 + VP_1，一面 + 却 / 又 + VP_2
他　一面　说要减肥，一面　却　大吃大喝，难怪减肥失败了。

小提示

在复句“一面……，一面……”中，主语要放在第一个“一面”前，且第二个分句中不能出现主语。例如：

* 一面他听老师讲课，一面认真记笔记。
* 他一面听老师讲课，他一面认真记笔记。
他一面听老师讲课，一面认真记笔记。

94 承接复句：……，此后……

【七—九 092】

◎ 基本语义及用法

“此后”表示在某时或某事以后，用在两个分句间表示承接关系，前后分句表示随时间推移事情发生变化。一般用于书面语。

◎ 典型例句和对话

例句	交际实践
①我们三年前见过一面，此后再也没有见过。	（在咖啡厅，谈论张莉） A：你现在和张莉还有联系吗？ B：**我们三年前见过一面，此后再也没有见过。**
②后来她在上海大学完成了学业，此后一直从事建筑设计行业。	（在茶馆儿，聊老同学） A：你和王霞还有联系吗？咱们高中毕业后我就没见过她了。 B：**后来她在上海大学完成了学业，此后一直从事建筑设计行业。**
③我之前吃过很多苦，此后证明那些都是宝贵的经历。	（在会场，接受采访） 记者：你能取得今天的成就，一定付出了巨大的代价吧。 经理：**我之前吃过很多苦，此后证明那些都是宝贵的经历。**

◎ 补充例句

①请大家在规定的时间内申请，此后申请将不再有效。

②他那次吸取了教训，此后再也没有犯过类似的错误。

③她在这里买了房，此后就一直定居在这儿。

④一百年前在欧洲的一小部分国家首次庆祝了“国际妇女节”，此后它便成为全球性的庆祝活动。

⑤大家一起努力让公司渡过了难关，此后公司发展得越来越好。

⑥我撒谎被妈妈批评了一顿，此后再也不敢骗人了。

◎ 结构特点

① S_1+P_1，此后 $+P_2$

我们　三年前见过一面，此后　再也没有见过。

② S_1+P_1，此后 $+S_2+P_2$

大家　一起努力让公司渡过了难关，此后　公司　发展得越来越好。

小提示

（1）用“此后”来表示承接的分句，只能作为第二个分句，不能作为第一个分句出现在句首。例如：

* 此后再也没有见过，我们三年前见过一面。

我们三年前见过一面，此后再也没有见过。

（2）在承接复句“……，此后……”中，如果两个分句的主语不同，第二个分句的主语不可以省略，且只能放在“此后”的后边，不能放在前边。例如：

* 她二十岁结了婚，此后生病，她照顾了四年。

* 她二十岁结了婚，丈夫此后生病，她照顾了四年。

她二十岁结了婚，此后丈夫生病，她照顾了四年。

95 承接复句：起初……，……才……　【七—九 093】

◎ 基本语义及用法

两个分句间是承接关系，前后分句说出两种情况，后一情况因时间推移或某种原因而与前一情况相反。

◎ 典型例句和对话

例句	交际实践
①他起初没明白，后来才理解了游戏的规则。	（在游戏厅，几个朋友在玩儿游戏） A：原来他是个高手啊，当初怎么没发现呢。 B：**他起初没明白，后来才理解了游戏的规则。**

例句	交际实践
②我们起初不想参加的，只是不好意思拒绝，才去了那里。	（在茶馆儿，解释参加活动的理由） A：你们怎么能去参加那样的活动呢？ B：**我们起初不想参加的，只是不好意思拒绝，才去了那里。**
③起初我们并不认识，一起工作多年后才熟悉起来。	（在公司，谈论同事） A：你这么了解他，难道你们是亲戚吗？ B：**起初我们并不认识，一起工作多年后才熟悉起来。**

◎ 补充例句

①起初我什么都不会，一点儿一点儿地学习，才有了今天的成绩。

②她起初不适应这里的气候，后来才慢慢习惯了。

③妈妈起初不同意我一个人去旅游，爸爸劝说了好久才同意。

④起初我也想不通，通过他反复解释我才想通了。

⑤他起初没那么自信，在朋友的鼓励下，才勇敢地去尝试了一下儿。

⑥她起初对中文不感兴趣，受朋友的影响才慢慢喜欢上了学习中文。

◎ 结构特点

① S + 起初 + VP_1，才 + VP_2

他　起初　没明白，后来　才　理解了游戏的规则。

她　起初　不适应这里的气候，后来　才　慢慢习惯　了。

②起初 + S + VP_1，PrepP/VP_2（+ S）+ 才 + VP_3

起初　我　也想不通，通过他反复解释　我　才　想通　了。

起初　我　什么都不会，一点儿一点儿地学习，才　有了今天的成绩。

小提示

（1）在承接复句“起初……，……才……”中，“起初”只能位于第一个分句，可以在主语前，也可以在主语后。例如：

起初我们并不认识，一起工作多年后才熟悉起来。

我们起初并不认识，一起工作多年后才熟悉起来。

（2）如果两个分句的主语相同，第二个分句的主语可以省略；如不省略，只能放在“才”的前边，不能放在“才”的后边。例如：

她起初不适应这里的气候，后来才慢慢适应。

*她起初不适应这里的气候，后来才她慢慢适应。

她起初不适应这里的气候，后来她才慢慢适应。

96 递进复句（1）：别说……，连……也/都……；连……也/都……，别说…… 【七一九 094】

◎ 基本语义及用法

两个分句之间表达两件事物的递进关系，前一分句是后一分句的衬托，后一分句的意思更进一层。

◎ 典型例句和对话

例句	交际实践
①别说是大学生了，连小学生都比我写得好。	（在教室，讨论写字的问题） A：看来你得练练写字了，一点儿都不像大学生写的。 B：**别说是大学生了，连小学生都比我写得好。**
②我现在忙得连吃饭的空儿都没有，别说去运动了。	（在办公室，同事建议去运动） A：一整天都没出门，咱们出去跑跑步，怎么样？ B：**我现在忙得连吃饭的空儿都没有，别说去运动了。**
③连你自己都不相信自己，别说别人了。	（在教室，劝慰同学） A：我不敢确定我能不能做好这件事。 B：**连你自己都不相信自己，别说别人了。**

◎ 补充例句

①别说胆小的人了，连胆大的人看这个电影都吓得不轻。

②别说收拾房间了，他连扫地都不会。

③这件事连公司内部人员都不知道，别说外部人员了。

④连乐观的人也承受不了接二连三的打击，别说情绪悲观的人了。

⑤这条胡同儿太狭窄了，连小汽车都开不进去，别说大货车了。

⑥连小孩子也明白这个道理，别说大人了。

◎ 结构特点

“别说”可以出现在第一个分句中，也可以出现在第二个分句中。

①别说（+是）+ NP_1 + 了，连 + NP_2 + 也 / 都 + VP

别说 是 大学生 了，连 小学生 都 比我写得好。

②别说 + VP_1 + 了，S + 连 + VP_2 + 都 / 也 + VP_3

别说 收拾房间 了，他 连 扫地 都 不会。

③连 + NP_1 + 都 / 也 + VP，别说 + NP_2 + 了

连 小孩子 也 明白这个道理，别说 大人 了。

④ S + 连 + VP_1 + 都 / 也 +VP_2，别说 + VP_3 + 了

他 连 扫地 都 不会，别说 收拾房间 了。

小提示

（1）递进复句在“连……都 / 也……，别说……”中，“别说”后边的动词性成分与前一分句相同，不能重复出现。例如：

* 连小孩子也明白这个道理，别说大人明白这个道理了。

连小孩子也明白这个道理，别说大人了。

（2）在递进复句“别说……，连……都 / 也……”中，前一分句中的“别说”只能出现在主语前边，后一分句的主语可以放在“连”的前边或后一分句谓语动词的前边，不可以直接放在“连”的后边。例如：

别说收拾房间了，他连扫地都不会。

别说收拾房间了，连扫地他都不会。

* 别说收拾房间了，连他扫地都不会。

97 递进复句（2）：别说……，即使……也……；即使……也……，别说……

【七—九 094】

◎ 基本语义及用法

两个分句间表达两件事物的递进关系，前一分句是后一分句的衬托，后一分句的意思更进一层。

◎ 典型例句和对话

例句	交际实践
①别说我，即使是老师也说不出这种植物的名字吧。	（在植物园，观察植物） 儿子：妈妈，你知道这种植物到底叫什么吗？ 妈妈：**别说我，即使是老师也说不出这种植物的名字吧。**
②即使是稍微有钱的家庭也禁不住她这么花钱，别说普通家庭了。	（在咖啡厅，谈论晓雨） A：听说晓雨每个月光买包就花三万多。 B：天啊！**即使是稍微有钱的家庭也禁不住她这么花钱，别说普通家庭了。**
③别说滴雨滴，即使下暴雨，我们也要坚持训练。	（在教室，准备去操场训练） 学生：外面掉雨点儿了，我们今天还训练吗？ 老师：**别说滴雨滴，即使下暴雨，我们也要坚持训练。**

◎ 补充例句

①别说学生，即使老师也有不懂的知识。

②别说涨工资了，即使升职也不能阻止他跳槽。

③我觉得真正要演好一个角色，别说三个月了，即使花一年以上也很难。

④即使天分再高的人也在努力奋斗，别说普通人了。

⑤即使小学生也要遵守纪律，别说大学生了。

⑥即使是年轻人也要花好长时间才能登上这座山，别说老年人了。

◎ 结构特点

“别说”可以放在前一分句，也可以放在后一分句。

①别说 + N_1/$Pron_1$/VP_1，即使（+ 是）+ N_2/VP_2 + 也 + VP_3

别说　学生，即使　老师　也有不懂的知识。

别说　我，即使　是　老师　也　说不出这种植物的名字。

别说　涨工资　了，即使　升职　也　不能阻止他跳槽。

②即使（+ 是）+ NP_1 + 也 + VP，别说 + NP_2 + 了

即使　小学生　也　要遵守纪律，别说　大学生　了。

即使　是　稍微有钱的家庭　也　禁不住她这么花钱，别说　普通家庭　了。

小提示

（1）在递进复句“即使……，也……”结构中，前后两个分句的动词性成分是相同的，前一分句的动词性成分应该省略。例如：

* 别说我说不出这种植物的名字，即使是老师也说不出这种植物的名字。

别说我，即使是老师也说不出这种植物的名字。

（2）不管“别说”出现在第一个分句还是第二个分句中，比较的对象或内容都只能出现在“别说”的后边。例如：

* 涨工资别说了，即使升职也不能阻止他跳槽。

别说涨工资了，即使升职也不能阻止他跳槽。

* 天分再高的人即使也在努力奋斗，别说普通人了。

即使天分再高的人也在努力奋斗，别说普通人了。

98 递进复句：……，何况……　【七一九 095】

◎ 基本语义及用法

“何况”是用反问的语气表示比较起来更显而易见、在情理之中，也表示进一步申述理由或追加理由。两个分句间是递进关系，前一分句是后面分句的衬托，后一分句的意思更进一层。

◎ 典型例句和对话

例句	交际实践
①我不道歉，何况根本不是我的错！	（在教室，教育学生） 老师：这件事你做错了，应该向同学们道歉。 学生：**我不道歉，何况根本不是我的错！**

例句	交际实践
②这道菜做起来很花时间的，何况今天顾客那么多。	（在饭馆，正在点菜） A：听说这道菜很受欢迎，咱们就点这个吧。 B：**这道菜做起来很花时间的，何况今天顾客那么多**，咱们还是点别的吧。
③再大的困难都不怕，何况这点儿小事。	（在公司，布置工作任务） A：这个任务就交给你了，可以吗？ B：没问题，**再大的困难都不怕，何况这点儿小事**。

◎ 补充例句

①她平时就不喜欢出门，何况大病了一场，更不怎么出去了。
②学习自己国家的语言都不容易，何况学习外语呢！
③路那么远，何况又在下雨，明天再走吧！
④旅游旺季这里游客都不多，何况旅游淡季呢。
⑤老年人都这么热爱学习，何况我们年轻人呢！
⑥连天才都会犯错，何况普通人呢。

◎ 结构特点

"何况"只能出现在第二个分句的句首。

① S_1（+都）+ VP_1/AP_1，何况（+ S_2）+ VP_2/AP_2
我　不道歉，何况　根本不是我的错！
这道菜　做起来很花时间的，何况　今天顾客　那么多。
学习自己国家的语言　都　不容易，何况　学习外语　呢！
② S（+都）+ AP/VP，何况 + NP
旅游旺季这里　游客　都　不多，何况　旅游淡季　呢。
老年人　都　这么热爱学习，何况　我们年轻人　呢！

小提示

（1）在递进复句"……，何况……"中，前后两个分句的动词性成分是相同的，后一分句的动词性成分往往省略。例如：

*连天才都会犯错，何况普通人会犯错呢。

连天才都会犯错，何况普通人呢。

（2）在递进复句“……，何况……”中，后一分句的比较对象或内容应该出现在“何况”的后边，不能出现在“何况”的前边。例如：

* 老年人都这么热爱学习，我们年轻人何况呢！

老年人都这么热爱学习，何况我们年轻人呢！

99 递进复句：……，进而……

【七一九 096】

◎ 基本语义及用法

两个分句间是递进关系，表示前一情况的后续发展及其结果，且后一分句的意思比前一分句的意思更进一层。一般用于书面语。

◎ 典型例句和对话

例句	交际实践
①只有在这样的国家里，教师才能充分发展，进而保护自己和公共的利益。	（在会议室，谈论教师地位） 老师 A：从最近的举措看，我们国家是越来越重视教师的地位了。 老师 B：**只有在这样的国家里，教师才能充分发展，进而保护自己和公共的利益。**
②遇到困难不要回避，挺起身来向它挑战，进而克服它。	（在办公室，鼓励学生） 学生：老师，对我来说这个任务也太难了，我想放弃。 老师：**遇到困难不要回避，挺起身来向它挑战，进而克服它。**
③你不光要复习课本上的内容，还要多读课外书，进而拓展知识。	（在教室，给学生学习建议） 学生：老师，学习阅读课有什么窍门吗？怎么才能学好？ 老师：**你不光要复习课本上的内容，还要多读课外书，进而拓展知识。**

◎ 补充例句

①破坏环境就是破坏人类自身，进而会破坏整个地球。

②这家企业先在国内收购了一些公司，进而又打算向海外发展。
③她想暑假去旅游，进而放松一下儿心情。
④我们要认识到自己的不足，进而加以改进和提高。
⑤我们要善于不断地反思自己，不断地学习新知识，进而获得提高。
⑥这家公司不断引进新技术，改造旧设备，进而提高了生产效率。

◎ 结构特点

“进而”的前面根据情况的发展可以出现多个分句。

(S＋) VP_1，(VP_2＋) 进而＋VP_3
她　每次放假都会去旅游，进而　放松身心。
破坏环境　就是破坏人类自身，进而　会破坏整个地球。
遇到困难不要回避，挺起身来向它挑战，进而　克服它。

小提示

（1）在递进复句“……，进而……”中，如果前后两个分句的主语是相同的，第二个分句的主语一定要省略。例如：

*我们要善于不断反思自己，进而我们获得提高。
我们要善于不断反思自己，进而获得提高。

（2）“进而”表示前一情况的后续发展及其结果，因此只能出现在第二个分句的句首，不能出现在第一分句中。例如：

*进而又打算向海外发展，这家企业先在国内收购了一些公司。
这家企业先在国内收购了一些公司，进而又打算向海外发展。
*进而拓展知识，你不光要复习课本上的内容，还要多读课外书。
你不光要复习课本上的内容，还要多读课外书，进而拓展知识。

100 递进复句：……，况且……　【七—九 097】

◎ 基本语义及用法

“况且”表示更进一层，多用来补充、说明理由，用于两个分句间，表示递进关系，后一分句的意思比前一分句的意思更进一层。

◎ 典型例句和对话

例句	交际实践
①那么多书，要求下午搬完，男生都累够呛，况且一个女生。	（在宿舍，谈论上午的工作安排） A：**那么多书，要求下午搬完，男生都累够呛，况且一个女生。** B：是啊，我看玛丽累得九点刚过就倒在床上睡着了。
②那时天已经黑了，况且人又是坐在车上，肯定看不清楚。	（在办公室，与同事聊天儿） A：昨晚多亏你叫我，不然我真认不出你了。 B：可不是嘛，**那时天已经黑了，况且人又是坐在车上，肯定看不清楚。**
③他本来身体就不好，况且年纪又大了，不能从事这一工作。	（在公司，谈论招聘） A：公司正在招聘保安，你觉得老李怎么样？ B：**他本来身体就不好，况且年纪又大了，不能从事这一工作。**

◎ 补充例句

①我们赶不上就别去了，况且演出下次还会再有。
②这件事不是你的错，你来得晚，况且又不了解情况。
③这本书内容丰富，况且又不贵，你也买一本吧。
④我本来就不想参加那个聚会，况且他又没邀请我。
⑤这份试卷这么难，况且是超范围的，难怪这么多学生会不及格。
⑥你现在不要过早下结论，况且谁输谁赢还不一定呢。

◎ 结构特点

“况且”前后根据情况的发展可以出现多个分句。

(S_1 +) AP_1 / VP_1，况且 + S_2 + VP_2，……
那时　天　已经黑　了，况且　人　又是坐在车上，肯定看不清楚。
我　本来就不想参加那个聚会，况且　他　又没邀请我。

小提示

在递进复句"……，况且……"中，后一分句的主语应该出现在"况且"的后边，不能出现在"况且"的前边。例如：

* 那时天已经黑了，人况且又是坐在车上，肯定看不清楚。

那时天已经黑了，况且人又是坐在车上，肯定看不清楚。

101 递进复句：连……，更不用说…… 【七—九 098】

◎ 基本语义及用法

两个分句间是递进关系，后一分句的情况比前一分句在程度上更进一步。

◎ 典型例句和对话

例句	交际实践
①连他都不会，更不用说我了。	（在工厂，咨询机器操作方法） A：这台机器的操作方法我问了技工小李，他也不会，你会吗？ B：**连他都不会，更不用说我了。**
②我连上次的考试都没通过，更不用说这次的了。	（打电话，沟通是否通过考试） A：这次考试比上次还难，你通过了吗？ B：**我连上次的考试都没通过，更不用说这次的了。**
③他连题目都读不懂，更不用说写作文了。	（在家，爸爸辅导儿子功课） 爸爸：儿子说他不认识作文题目上的英文单词，没办法写作文。 妈妈：让他赶紧查词典吧，**他连题目都读不懂，更不用说写作文了。**

◎ 补充例句

①如果不是大家的帮忙，也许我连大学都无法读完，更不用说上研究生了。

②他的病很严重，连起身都很困难，更不用说走路了。

③我连小作文都写不好，更不用说写论文了。

④她连自己都照顾不好，更不用说照顾别人了。

⑤那个箱子他连推都推不动，更不用说搬上楼了。

⑥我常忙得连饭都顾不上吃，更不用说做饭了。

◎ **结构特点**

①连 + S + 都 + VP_1，更不用说 + Pron/NP + 了

连 他 都 不会，更不用说 我 了。

连 小孩子 都 知道珍惜时间，更不用说 大人 了。

② S + 连 + NP_1 + 都 + VP_1，更不用说 + NP_2/VP_2+ 了

我 连 上次的考试 都 没通过，更不用说 这次的 了。

他 连 题目 都 读不懂，更不用说 写作文 了。

③（S +）连 + VP_1 + 都 + VP_2/AP，更不用说 + VP_2 + 了

那个箱子 他 连 推 都 推不动，更不用说 搬上楼 了。

他的病很严重，连 起身 都 很困难，更不用说 走路 了。

小提示

（1）在递进复句“连……，更不用说……”中，第一个分句的主语可以放在“连”的前边或“都”的前边，不能放在“连”的后边。例如：

* 连我上次的考试都没通过，更不用说这次的了。

我连上次的考试都没通过，更不用说这次的了。

连上次的考试我都没通过，更不用说这次的了。

（2）在递进复句“连……，更不用说……”中，后一分句的主语应该出现在“更不用说”的后边，不能出现在“更不用说”的前边。例如：

* 连他都不会，我更不用说了。

连他都不会，更不用说我了。

（3）在递进复句“连……，更不用说……”中，当前后两个分句的谓语动词一致时，后一分句的谓语动词往往省略。例如：

* 她连自己都照顾不好，更不用说照顾别人了。

她连自己都照顾不好，更不用说别人了。

102 递进复句：……，乃至…… 【七—九 099】

◎ 基本语义及用法

"乃至"相当于"甚至"，用于两个分句间表示递进关系，表示数量由少到多，范围由小到大，程度由浅到深。

◎ 典型例句和对话

例句	交际实践
①演员的脸色、眼神，乃至一举一动，都被别人看得清清楚楚。	（在观众席，谈论演员） A：在舞台上，**演员的脸色、眼神，乃至一举一动，都被别人看得清清楚楚**。 B：是啊，所以舞台剧对演员基本功的要求很高。
②他熟悉北京，也熟悉巴黎，乃至全世界的景点。	（在旅行社，介绍导游） A：你推荐的这个导游怎么样，他对北京熟吗？ B：放心吧，**他熟悉北京，也熟悉巴黎，乃至全世界的景点**。
③这部电影在中国，在亚洲，乃至国际上都很有名。	（在客厅，谈论电影） A：电视上播出的这部老电影真精彩！ B：**这部电影在中国，在亚洲，乃至国际上都很有名**。

◎ 补充例句

①这次经历对我的升学，乃至以后的人生都有很大帮助。
②我们的行为举止，乃至价值观念，都受到来自家庭和父母的影响。
③这项技术带动了相关行业，乃至整个产业的发展。
④查遍《新华字典》《辞源》《辞海》，乃至《康熙字典》，均不见此字。
⑤他做事很严谨，乃至各种细节都能照顾到。
⑥那天的那道菜太好吃了，乃至多年后我还记得它的味道。

◎ 结构特点

"乃至"的前后根据情况的发展可以出现多个分句。

① $S + V + O_1$，$(V + O_2$，$)$ 乃至 $+ O_3$
他　熟悉　北京，也熟悉　巴黎，乃至　全世界的景点。
这项技术　带动了　相关行业，乃至　整个产业的发展。
② $S + Prep + O_1$，$(Prep + O_2$，$)$ 乃至 $+ O_3 +$ 都 $+ P$
这部电影　在　中国，在　亚洲，乃至　国际上　都　很有名。
这次经历　对　我的升学，乃至　以后的人生　都　有很大帮助。
③ NP_1、NP_2，乃至 $+ NP_3 +$ 都 $+ VP$
演员的脸色、眼神，乃至　一举一动　都　被别人看得清清楚楚。
④ $S_1 + VP_1/AP$，乃至 $(+ S_2) + VP_2$
他　做事很严谨，乃至　各种细节　都能照顾到。
那天的那道菜　太好吃　了，乃至　多年后　我　还记得它的味道。

小提示

在递进复句“……，乃至……”中，后一分句的主语应该出现在“乃至”的后边，不能出现在“乃至”的前边。例如：

这次经历对我的升学，乃至以后的人生都有很大帮助。
* 这次经历对我的升学，以后的人生乃至都有很大帮助。

103 递进复句：……，且……　【七一九 100】

◎ 基本语义及用法

“且”相当于“并且、而且”，用于两个分句间表示递进关系，后一分句的意思比前一分句更进一层。

◎ 典型例句和对话

例句	交际实践
①他办事负责而认真，且责任心强。	（在教室，陈述推荐理由） A：我们推选谁来负责这个活动呢？ B：选大卫吧，他办事负责而认真，且责任心强。

例句	交际实践
②昆明四季如春，景色宜人，且适合居住。	（在路边，谈论毕业后的去向） A：毕业后，我想去昆明找工作。 B：好啊！**昆明四季如春，景色宜人，且适合居住。**
③我想租这套房子，地理位置好，且租金也比较划算。	（在房屋中介处，交流看房感受） 中介：看过这么多房子，这套房子还不错吧？ 顾客：**我想租这套房子，地理位置好，且租金也比较划算。**

◎ 补充例句

①你还是寒假再学开车吧，一月、二月是学车淡季，且时间充足。
②他接下了这个项目，且做得有声有色。
③这个策略不但节约成本，且能获得丰厚的经济效益。
④对别人的承诺，我们要时刻牢记，且说到做到。
⑤这雪一直下个不停，且越下越大。
⑥她性格很好，做事认真，且待人诚恳。

◎ 结构特点

“且”的前面可以只出现一个分句，也可以出现两个甚至多个分句。

S_1	+ VP_1/AP_1，（S_2 + VP_2/AP_2，）	且	（+ S_3）	+ VP_3/AP_3	
他	办事负责而认真，	且	责任心	强。	
她	性格很好，做事认真，	且		待人诚恳。	
我	想租这套房子，地理位置　好，	且	租金	也比较划算。	

小提示

（1）在递进复句“……，且……”中，两个分句的主语是相同的，第二个分句的主语一定要省略。例如：

* 他接下了这个项目，且他做得有声有色。

他接下了这个项目，且做得有声有色。

（2）“且”表示前一情况的后续发展及其结果，因此只能出现在第二个分句的句首，不能出现在第一分句中。例如：

* 且能获得丰厚的经济效益，这个策略节约成本。
这个策略节约成本，且能获得丰厚的经济效益。

* 她且待人诚恳，性格很好，做事认真。
她性格很好，做事认真，且待人诚恳。

104 递进复句：……，甚至于…… 【七—九 101】

◎ 基本语义及用法

“甚至于”强调突出的事例，后面与“都、也”配合，用在两个分句间表示递进关系。后一分句的意思比前一分句的意思更进一层，表示程度加深。

◎ 典型例句和对话

例句	交际实践
①鲁迅以“鲁迅”笔名而闻名，很多人甚至于忘了他的原名叫周树人。	（在教室，谈论笔名） A：有些人的笔名比原名还有名。 B：是的。**鲁迅以“鲁迅”笔名而闻名，很多人甚至于忘了他的原名叫周树人。**
②她始终都是那副模样，甚至于一点儿也没长高。	（在咖啡厅，聊前一天的同学会） A：时隔几年再见到张莉，她几乎没什么变化。 B：**她始终都是那副模样，甚至于一点儿也没长高。**
③他因为成绩不好很伤心，甚至于不想吃饭。	（在家，儿子因成绩差而伤心） 妈妈：你去看看，儿子怎么不出来吃饭呢？ 爸爸：**他因为成绩不好很伤心，甚至于不想吃饭。**

◎ 补充例句

①他们在加紧研制新产品，甚至于周末都在工作。
②那里的人们生活条件很差，甚至于到了难以生存的地步。
③我们聊得热火朝天，甚至于错过了坐车时间。
④她非常喜欢中国文化，甚至于有点儿痴迷。
⑤这位科学家致力于自己的研究，甚至于时常废寝忘食。
⑥我们多年不见，甚至于连彼此的名字都忘记了。

◎ 结构特点

S + VP_1，甚至于 + VP_2
她　非常喜欢中国文化，甚至于　有点儿痴迷。
这位科学家　致力于自己的研究，甚至于　废寝忘食。

小提示

在递进复句“……，甚至于……”中，如果两个分句的主语相同，第二个分句的主语一定要省略。例如：

他们在加紧研制新产品，甚至于周末都在工作。
* 他们在加紧研制新产品，甚至于他们周末都在工作。

105 选择复句：或……，或……　【七—九 102】

◎ 基本语义及用法

“或”相当于“或者”。前后分句是选择关系，说出两种情况。

◎ 典型例句和对话

例句	交际实践
①他把信藏在某个秘密的地方了，或一块石头下面，或一棵树后面。	（在家，讨论电视剧情） A：你觉得电视里的主人公把信藏哪儿了？ B：**他把信藏在某个秘密的地方了，或一块石头下面，或一棵树后面。**
②她每次来我家都带着一群朋友，或二三人，或三四人，大家说说笑笑，非常热闹。	（在公园，看见小姨和朋友们交流） A：你的小姨真是个热情的人，我好羡慕她有那么多朋友。 B：**她每次来我家都带着一群朋友，或二三人，或三四人，大家说说笑笑，非常热闹。**
③旅行要去多长时间不确定，或两三天，或一两周。	（在学校，讨论旅行的时间） A：听说你放假以后打算去北京旅行，要去多久？ B：**旅行要去多长时间不确定，或两三天，或一两周。**

◎ 补充例句

①毕业典礼结束大家都不舍得离开，或相互祝福，或一起照相留念。

②他的学习生活很丰富，或学习中文，或研究中国文学。

③他不会去别的地方的，或爷爷奶奶家，或姥姥姥爷家。

④在放假的日子里，我或看电视剧，或听音乐，很悠闲。

⑤今年的招聘会热闹非凡，应聘者或学历很高，或工作经验丰富，竞争很激烈。

⑥大家很关心这个项目，或询问进展，或提供建议。

◎ 结构特点

“或”后面可以有多个分句。

或 + VP_1/NP_1，或 + VP_2/NP_2
在放假的日子里，我　或　看电视剧，或　听音乐，很悠闲。
他不会去别的地方的，或　爷爷奶奶家，或　姥姥姥爷家。

小提示

在选择复句“或……，或……”中，前后两个分句中的谓语（名词性成分、动词性成分）应该为相同结构。例如：

他的学习生活很丰富，或学习外语，或研究戏剧。

106 选择复句：宁可 / 宁愿……，也……　【七—九 103】

◎ 基本语义及用法

两个分句间是选择关系，前后分句说出两种情况，后一分句可以是否定形式，表示倾向于后一种情况。

◎ 典型例句和对话

例句	交际实践
①我宁可饿着肚子去上课，也不愿意吃垃圾食品。	（在宿舍，和朋友们一起吃薯片） A：这里还有一些薯片，你怎么不吃点儿再去上课呢？ B：**我宁可饿着肚子去上课，也不愿意吃垃圾食品。**

例句	交际实践
②他宁愿自己承担，也不肯把责任推给别人。	（在公司，谈论黄冬） A：听说黄冬一人担下了这次公司的损失。 B：**他宁愿自己承担，也不肯把责任推给别人。**
③她宁愿自己打工挣学费，也不向父母伸手要钱。	（在教室，谈论玛丽） A：听说玛丽为了来中国留学，暑假期间打了两份工，真够辛苦的。 B：是的，**她宁愿自己打工挣学费，也不向父母伸手要钱。**

◎ 补充例句

①她宁愿自己吃苦，也不愿自己的孩子吃苦。
②他宁可为国牺牲，也不愿向敌人投降。
③天太冷了，我宁愿步行去上学，也不想骑自行车。
④我们宁可少休息，也要先把设备维修好。
⑤我宁可被人误会，也不想出卖朋友。
⑥我宁愿在家睡觉，也不愿意去逛街。

◎ 结构特点

前后两句的主语相同，后一分句可以是肯定形式，也可以是否定形式。

S + 宁可 / 宁愿 + VP_1，也 + 要 / 不 / 不愿（意）/ 不想 + VP_2
我们　宁可　少休息，也　要　先把设备维修好。（肯定）
我　宁可　饿着肚子去上课，也　不愿意　吃垃圾食品。（否定）
我　宁愿　被人误会，也　不想　出卖朋友。（否定）

小提示

如果两个分句的主语相同，第一个分句的主语只能放在“宁愿”前边，第二个分句的主语一般省略，不必重复出现。例如：

* 宁愿他自己承担，也不肯把责任推给别人。
* 他宁愿自己承担，他也不肯把责任推给别人。
他宁愿自己承担，也不肯把责任推给别人。

107 选择复句：与其……，不如……　【七—九 104】

◎ 基本语义及用法

前后分句是选择关系，表示舍弃前一分句的选择，倾向于后一分句的选择。

◎ 典型例句和对话

例句	交际实践
①与其去爬山，还不如在家看电视。	（在家，商量周末日程） 妻子：很久没运动了，我们周六去爬山吧！ 丈夫：天气预报周六有雨，**与其去爬山，还不如在家看电视**。
②与其在这里浪费时间，我们不如认真复习。	（在图书馆，找书） A：那本考试会用到的书一直没找到，怎么办？ B：别找了，**与其在这里浪费时间，我们不如认真复习**。
③你与其在这里抱怨结果，不如好好总结失败的原因。	（在家，安慰儿子） 儿子：这次比赛我的运气真不好，遇到的对手太强了。 妈妈：**你与其在这里抱怨结果，不如好好总结失败的原因**。

◎ 补充例句

①与其傻傻地等待时机，不如马上动手去做。
②与其考试前开夜车，不如平时努力学习。
③你与其耗尽精力去追求所谓的成功，不如顺其自然。
④你与其在家无所事事，不如去找份工作。
⑤与其早上睡懒觉，不如出去锻炼身体。
⑥与其到最后期限再赶时间做，不如早点儿动手准备。

◎ 结构特点

①与其 + VP_1，不如 + VP_2
与其　去爬山，还　不如　在家看电视。
② S + 与其 + VP_1，不如 + VP_2
你　与其　在这里抱怨结果，不如　好好总结失败的原因。

小提示

两个分句的主语相同，后一分句的主语一般会省略，不必重复出现。例如：

* 你与其在这里抱怨结果，你不如好好总结失败的原因。

你与其在这里抱怨结果，不如好好总结失败的原因。

* 你与其在家无所事事，你不如去找份工作。

你与其在家无所事事，不如去找份工作。

108 选择复句：与其……，宁可 / 宁愿……【七—九 105】

◎ 基本语义及用法

前后分句是选择关系，表示舍弃前一分句的选择，倾向于后一分句的选择，语气较“不如”强烈。

◎ 典型例句和对话

例句	交际实践
①与其在这里洗半天的衣服，我宁可去买新的。	（在家，洗衣服） A：这衣服上是什么东西啊，洗了半天也没洗掉。 B：**与其在这里洗半天的衣服，我宁可去买新的。**
②与其跟他一组，我宁愿一个人做这个项目。	（在公司，分配工作任务） A：这个项目你和黄冬一组一起做吧。 B：**与其跟他一组，我宁愿一个人做这个项目。**
③与其在这里胡思乱想，我宁愿当面去证实。	（在咖啡厅，担心朋友误会） A：你觉得张莉是不是误会我了？ B：**与其在这里胡思乱想，我宁愿当面去证实。**

◎ 补充例句

①与其失败后再后悔，我宁愿现在努力做好。

②与其被人误会，他宁愿选择去当面解释。

③与其在家闲着，我宁愿去图书馆看看书。

④与其看他当众出丑，我宁愿去帮帮他。

⑤与其被动挨打，我宁可主动迎接挑战。

⑥与其等待别人救援，他宁可自己想办法摆脱困境。

◎ **结构特点**

与其 + VP_1，S + 宁可 / 宁愿 + VP_2

与其　被动挨打，我　宁可　主动迎接挑战。

与其　在这里胡思乱想，我　宁愿　当面去证实。

小提示

在选择复句“与其……，宁可 / 宁愿……”中，两个分句的主语通常相同。主语一般不出现在第一分句中，而出现在第二个分句中，位于第二个分句的句首，即“宁可、宁愿”的前边。例如：

* 我与其跟他一组，宁愿一个人做这个项目。

* 与其跟他一组，宁愿我一个人做这个项目。

与其跟他一组，我宁愿一个人做这个项目。

109 转折复句：……，而……（则）……　【七—九 106】

◎ **基本语义及用法**

“而”连接语义相反的成分，前后分句是转折关系。

◎ **典型例句和对话**

例句	交际实践
①放学后同学们都回宿舍休息，而我常常选择在教室里及时复习功课。	（在校园，聊学习方法） A：你成绩那么好，有什么好的学习方法？ B：没有什么特别的方法。**放学后同学们都回宿舍休息，而我常常选择在教室里及时复习功课。**
②北方人过春节往往吃饺子，而南方人的习俗则是吃汤圆。	（在教室，聊中国南北方差异） A：中国的北方和南方过春节的习俗一样吗？ B：不完全相同，比如**北方人过春节往往吃饺子，而南方人的习俗则是吃汤圆。**

例句	交际实践
③这学期我学习很努力，而考试成绩却不是很好。	（在办公室，谈学习） 学生：**这学期我学习很努力，而考试成绩却不是很好。** 老师：别灰心，要注意学习方法，相信你继续努力，一定会取得好成绩的。

◎ 补充例句

①他没有选择去大城市发展，而回家乡做了一名教师。
②这次考试其他同学都通过了，而我因为生病错过了考试。
③中国北方的主食是馒头，而南方则是米饭。
④产品质量达标很容易，而要长期保持高水准并有所创新则较难。
⑤工作赚钱当然重要，而身体健康则更重要。
⑥中国人不论天冷天热都爱喝热水，而外国人则完全相反。

◎ 结构特点

① $S_1 + VP_1$，而 + S_2（+ 则）+ VP_2
绝大多数的人　用感觉来思考，而　我　却用思考来感觉。
中国人　不论天冷天热　都爱喝热水，而　外国人　则　完全相反。
② $S_1 + AP_1$，而 + S_2 + 则 + AP_2
产品质量达标　很容易，而　要长期保持高水准并有所创新　则　较难。
工作赚钱　当然重要，而　身体健康　则　更重要。
③ $S_1 + VP_1$，而 + VP_2
他　没有选择去大城市发展，而　回家乡做了一名教师。

小提示

（1）在转折复句“……，而……（则）……”中，前后两个分句是转折关系，“而”只出现在第二个分句句首。例如：

北方人过春节往往吃饺子，而南方人的习俗则是吃汤圆。
这次考试其他同学都通过了，而我因为生病错过了考试。

（2）在转折复句“……，而……（则）……”中，如果两个分句的主语相同，那么第二个分句的主语可以省略，不必重复出现；如果两个分句的主语不同，第二个分句的主语往往放在“而”的后边。例如：

* 他没有选择去大城市发展，而他回家乡做了一名教师。
他没有选择去大城市发展，而回家乡做了一名教师。
* 这次考试其他同学都通过了，我而因为生病而错过了考试。
这次考试其他同学都通过了，而我因为生病错过了考试。

110 转折复句：……，……倒 / 反倒…… 【七—九 107】

◎ 基本语义及用法

前后分句是转折关系，表示跟上文意思相反或出乎意料和常情。

◎ 典型例句和对话

例句	交际实践
①我好心劝他，他倒怪我，真是可气！	（在茶馆儿，和同学闹别扭） A：你和王强吵架了吗？怎么这么不高兴？ B：**我好心劝他，他倒怪我，真是可气！**
②听医生这么一说，他反倒放松了。	（在家，聊爸爸的病情） 儿子：医生对爸爸说不用住院，在家好好休息休息就行。 妈妈：其实你爸对自己的病早有心理准备，**听医生这么一说，他反倒放松了。**
③还没怎么批评他，他倒哭了。	（在家，聊弟弟哭的原因） 妈妈：你怎么惹着他了，弟弟又哭了。 哥哥：他把我的电脑弄坏了，我还没怎么批评他，**他倒哭了。**

◎ 补充例句

①考试之前紧张得要命，一进考场，她反倒觉得轻松起来了。
②我为他做了那么多事，他不但不感谢我，反倒指责我。
③我好心帮他，反倒落下很多埋怨。
④她之前有心理准备，知道结果后，倒没那么难过。
⑤我这样做本想省点儿事，这下子倒费事了。

⑥太过逞强，有时反倒会给自己带来麻烦。

◎ 结构特点

① S_1 + VP_1，S_2 + 倒 / 反倒 + VP_2
我　好心劝他，他　倒　怪我，真是可气！
② VP_1，S + 倒 / 反倒 + VP_2
还没怎么批评他，他　倒　哭　了。
③ S + VP_1，倒 / 反倒 + VP_2
我　好心帮他，反倒　落下很多埋怨。

小提示

（1）在转折复句“……，……倒 / 反倒……”中，前后两个分句是转折关系，“倒、反倒”只出现在后一分句中。例如：

她之前有心理准备，知道结果后，倒没那么难过。
考试之前紧张得要命，一进考场，她反倒觉得轻松起来了。

（2）在转折复句“……，……倒 / 反倒……”中，如果两个分句的主语相同，第二分句的主语可以省略，不必重复出现；如果两个分句的主语不同，第二分句的主语往往放在“倒、反倒”的前边，不能放在“倒、反倒”的后边。例如：

*刚才我的状态还算放松，一进考场，我反倒紧张起来了。
刚才我的状态还算放松，一进考场，反倒紧张起来了。
*我好心劝他，倒他怪我，真是可气！
我好心劝他，他倒怪我，真是可气！

111 假设复句：倘若 / 若……，……　【七—九 108】

◎ 基本语义及用法

前后分句是假设关系，前一分句提出假设，后一分句表示假设实现后产生的结果。一般用于书面语。

◎ 典型例句和对话

例句	交际实践
①倘若这几个问题你们都能解决，一定会获得成功。	（在公司，谈论工程遇到的问题） A：这次工程遇到了几个棘手的问题，很难解决。 B：**倘若这几个问题你们都能解决，一定会获得成功。**
②若不小心，是不是会发生战争？	（在家，谈论国际时事） A：这两国谈判中**若不小心，是不是会发生战争？** B：有可能。这两个国家目前关系十分紧张，如果关系破裂，战争一触即发。
③若有任何不舒服的情况，请马上告诉我。	（在病房，医生在巡诊） 病人：李医生，我感觉自己恢复得不错。 医生：目前来看很好，**若有任何不舒服的情况，请马上告诉我。**

◎ 补充例句

①倘若不努力拼搏，就不会有美好的未来。
②倘若你再沉迷网上游戏，这次留学就算白来了。
③倘若事情一直朝好的方向发展，我们就大有希望。
④若你坚持要与他分手，日后就不要后悔。
⑤若你不认真复习，你就可能无法通过考试。
⑥倘若一直沉浸在幻想里，就不能踏实地生活。

◎ 结构特点

①倘若／若 + S + VP_1，S + VP_2
倘若　这几个问题　你　都能解决，你　一定会获得成功。
若　你　不认真复习，你　就可能无法通过考试。
②倘若／若 + VP_1，（S +）VP_2
倘若　一直沉浸在幻想里，就不能踏实地生活。
若　有任何不舒服的情况，请马上告诉我。

③倘若 / 若 + S + VP_1，VP_2

若　你　坚持要与他分手，日后就不要后悔。

④倘若 / 若 + S_1 + VP_1，S_2 + VP_2

倘若　事情　一直朝好的方向发展，我们　就大有希望。

小提示

在假设复句“倘若 / 若……，……”中，前后两个分句是转折关系，“倘若、若”只出现在第一个分句句首。例如：

倘若不努力拼搏，就不会有美好的未来。

倘若你再沉迷网上游戏，这次留学就算白来了。

112 假设复句：倘若 / 假设 / 假使 / 若……，就 / 那（么）……　【七—九 109】

◎ 基本语义及用法

“倘若、假设、假使、若”都表示假设，前一分句提出假设，后一分句表示假设实现后产生的结果。一般用于书面语。

◎ 典型例句和对话

例句	交际实践
①倘若一点儿音乐知识都没有，就会遇到困难。	（在会议室，谈节目策划） A：你是怎么策划出这么精彩的音乐节目的？ B：首先要有一定的音乐基础，**倘若一点儿音乐知识都没有，就会遇到困难。**
②假设这是我们未来的家园，那这个世界就不会再有饥饿的儿童。	（在教室，以未来家园为主题讨论） A：我希望未来的社会人人富足，和平安宁，没有暴力。 B：**假设这是我们未来的家园，那这个世界就不会再有饥饿的儿童。**

例句	交际实践
③假使一切能重新开始，那么我绝不会选择这一职业。	（在公司，谈论辞职） A：你怎么刚做了一段时间就要辞职了呢？ B：我可能真的不适合做这份工作，**假使一切能重新开始，那么我绝不会选择这一职业**。

◎ 补充例句

①倘若你不听家人的好心劝告，会吃亏的。
②若不好好学习，那么就不会取得优异的成绩。
③倘若你早点儿帮我，我就不会有那么多麻烦事了。
④假使不早做打算，那么到头来会损失更多。
⑤假设一切能够重来，我就会换一种生活方式。
⑥假使你对产品不满意，那么可以退货。

◎ 结构特点

①倘若 / 假设 / 假使 / 若 + S_1 + P_1，(S_2+) 就 / 那（么）+ P_2
倘若　你　早点儿帮我，我　就　不会有那么多麻烦事了。
假使　你　对产品不满意，那么　可以退货。
②倘若 / 假设 / 假使 / 若 + P_1，就 / 那（么）+ P_2
倘若　一点儿音乐知识都没有，就　会遇到困难。
假使　不早做打算，那么　到头来会损失更多。
③倘若 / 假设 / 假使 / 若 + P_1，S + 就 + P_2
假设　一切能够重来，我　就　会换一种生活方式。

小提示

（1）在假设复句“倘若 / 假设 / 假使 / 若……，就 / 那（么）……”中，如果两个分句的主语相同，第一分句的主语可以放在“倘若、假设、假使、若”前边，也可以放在后边，第二分句的主语可以省略，不必重复出现。例如：

* 倘若你不听家人的好心劝告，你就会吃亏。

倘若你不听家人的好心劝告，就会吃亏。

你倘若不听家人的好心劝告，就会吃亏。

（2）在假设复句“倘若 / 假设 / 假使 / 若……，就 / 那（么）……”中，如果两个分句的主语不同，第二分句的主语往往放在“就、那（么）”的后边。例如：

* 假使一切能重新开始，我那么绝不会选择这一职业。

假使一切能重新开始，那么我绝不会选择这一职业。

113 假设复句：幸亏……，要不然 / 不然 / 要不 / 否则……

【七—九 110】

◎ 基本语义及用法

“幸亏”表示由于偶然出现的有利条件而避免了某种不利的事情，“要不然、不然、要不、否则”后面则是可能出现的不利的事情。

◎ 典型例句和对话

例句	交际实践
①幸亏你提醒了我，要不然我就忘了。	（在家，丈夫即将出门） 妻子：出门记得带上钥匙！ 丈夫：**幸亏你提醒了我，要不然我就忘了。**
②幸亏有你帮忙，不然我真不知道怎么办才好。	（在公司，感谢同事的帮助） A：你的电脑我已经帮你修好了。 B：**幸亏有你帮忙，不然我真不知道怎么办才好。**
③幸亏来得及时，不然再晚一点儿病人就很危险了。	（在医院，看病） 家属：我爸爸的情况怎么样？ 医生：**幸亏来得及时，不然再晚一点儿病人就很危险了。**

◎ 补充例句

①幸亏你带了把伞，否则我们就要淋雨了。
②幸亏这家酒店还有一个房间，不然我今晚就无处安身了。
③幸亏队长没受伤，不然我们队就很被动了。
④幸亏是她，要不然换了别人肯定搞不定。
⑤幸亏超市还没关门，不然真买不到吃的了。
⑥幸亏我复习得充分，不然这次考试就不及格了。

◎ 结构特点

①幸亏 + S_1 + VP_1，要不然 / 不然 / 要不 / 否则 + S_2 + 就 + VP_2/AP
　幸亏　你　提醒了我，要不然　我　就　忘　了。
　幸亏　你　带了把伞，否则　我们　就　要淋雨　了。
　幸亏　队长　没受伤，不然　我们队　就　很被动　了。
②幸亏 + S + VP_1，要不然 / 不然 / 要不 / 否则（+ 就）+ VP_2/AP
　幸亏　超市　还没关门，不然　真买不到吃的　了。
③幸亏 + VP_1，要不然 / 不然 / 要不 / 否则 + S（+ 就）+ VP_2/AP
　幸亏　有你帮忙，不然　我　真不知道怎么办才好。
　幸亏　来得及时，不然　再晚一点儿　病人　就　很危险　了。

小提示

在假设复句“幸亏……，要不然 / 不然 / 要不 / 否则……”结构中，主语要放在“幸亏”后面。例如：

* 你幸亏提醒了我，要不然我就忘了。
　幸亏你提醒了我，要不然我就忘了。

114 条件复句：别管……，都……　【七一九 111】

◎ 基本语义及用法

“别管”相当于“无论”，表示在任何条件下结果都不会改变，与“都、也”相呼应。

◎ 典型例句和对话

例句	交际实践
①别管台下坐的是谁，你都要充满信心。	（演出后台，鼓励演员） A：观众席有好多评委，我好紧张。 B：**别管台下坐的是谁，你都要充满信心。**
②这样的话一出口，别管是谁，都得挨骂。	（在公司，谈论黄冬） A：听说黄冬说了公司的坏话，被领导批评了？ B：**这样的话一出口，别管是谁，都得挨骂。**
③别管结果是输还是赢，我们都要全力以赴。	（在体育馆，队员即将比赛） A：你觉得这次篮球比赛我们队能赢吗？ B：**别管结果是输还是赢，我们都要全力以赴。**

◎ 补充例句

①别管别人怎么误会你，你都要做好自己。
②吃的穿的，别管哪一样，基本都是国产的。
③天阴着呢，别管下不下雨，都要带上一把伞。
④别管出现了什么问题，他都能解决，你放心吧。
⑤只要违反了法律，别管是谁，都要受到惩罚。
⑥你让我帮忙的事，别管是什么，我都会答应的。

◎ 结构特点

①别管（+ S_1）+ VP_1，（S_2 +）都 + VP_2
别管　结果　是输还是赢，我们　都　要全力以赴。
别管　别人　怎么误会你，你　都　要做好自己。
别管　下不下雨，都　要带上一把伞。
②别管 + 是 + 谁 / 什么，（S +）都 + VP
只要违反了法律，别管　是　谁，都　要受到惩罚。
你让我帮忙的事，别管　是　什么，我　都　会答应的。

小提示

在条件复句“别管……，都……”结构中，后一分句如果出现主语，主语要放在

"都"之前。例如：

*别管台下坐的是谁，都你要充满信心。

别管台下坐的是谁，你都要充满信心。

115 条件复句：任……，也…… 【七—九 112】

◎ 基本语义及用法

"任"相当于"不论、无论"，表示即使出现某种情况，事情的结果或说话人的意愿也不会因此发生改变。

◎ 典型例句和对话

例句	交际实践
①任他们怎么推，也推不动。	（在公园，发现工人在推石头） A：台风把山上的石头刮下来了，有两个工人正在清理路面。 B：那块石头太重了，**任他们怎么推，也推不动**。我们也去帮忙吧。
②任你有多酷爱唱歌，现阶段也要以学业为重。	（在家，女儿想放弃学业） 女儿：爸，我想放弃学业去唱歌。 爸爸：**任你有多酷爱唱歌，现阶段也要以学业为重**。
③任我怎么劝，她也不听。	（在家，女儿决定换车） 爸爸：换车的事情，她还是没改变主意吗？ 妈妈：是啊，**任我怎么劝，她也不听**。

◎ 补充例句

①任医生如何抢救，病人也没有脱离危险。

②任售货员怎么推销，顾客也不买。

③任别人怎么说，她也没有丧失信心。

④任小王如何努力，情况也没有改变。

⑤任他的地位再高，也得遵纪守法。

⑥任学业多忙，老师也希望同学们能抽时间锻炼身体。

◎ 结构特点

两个分句的主语可以相同，也可以不同。

①任 + S + VP_1/AP，也 + VP_2

任　他们　怎么推，也　推不动。

任　他的地位　再高，也　得遵纪守法。

②任 + S_1 + VP_1/AP，S_2 + 也 + VP_2

任　我　怎么劝，她　也　不听。

任　学业　多忙，老师　也　希望同学们能抽时间锻炼身体。

小提示

（1）在条件复句“任……，也……”结构中，前后两个分句的主语相同时，后一分句往往要省略主语。例如：

* 任他们怎么推，他们也推不动。

任他们怎么推，也推不动。

（2）在条件复句“任……，也……”结构中，前后两个分句的主语不同时，后一分句的主语要放在“也”之前。例如：

* 任售货员怎么说，也顾客不买。

任售货员怎么说，顾客也不买。

116 因果复句：（因）……，故……　【七—九 113】

◎ 基本语义及用法

“故”是“因此、所以”的意思，“因”与之搭配，分别表示原因和结果。一般用于书面语。

◎ 典型例句和对话

例句	交际实践
①因不是体面的事情，故不好意思说吧。	（在公司，老王提出辞职） A：老王辞职了，怎么也不跟我们说一声？ B：因不是体面的事，故不好意思说吧。

例句	交际实践
②他已经适应了国外的生活，故不打算回来了。	（在饭店，聊起儿子） A：你儿子不打算回国工作了吗？ B：**他已经适应了国外的生活，故不打算回来了。**
③因天气状况不好，故推迟了比赛时间。	（在体育馆，询问比赛推迟原因） 观众：足球比赛为什么推迟了？ 工作人员：**因天气状况不好，故推迟了比赛时间。**

◎ 补充例句

①因靠近地铁站，交通方便，故这个地区的房价很高。
②因这里地震频繁发生，故所建的居民楼都能抗八级以上的地震。
③因她喜欢花，故家里摆满了各种鲜花。
④两座城市的距离不远，故我们打算开车过去。
⑤他赢得了奥运会的金牌，故记者打算采访他。
⑥他因犯法，故受到了严厉的惩罚。

◎ 结构特点

两个分句的主语可以相同，也可以不同。

①（因 +）$S + VP_1/AP$，故 + VP_2
他　已经适应了国外的生活，故　不打算回来　了。
因　天气状况　不好，故　推迟了比赛时间。
②（因 +）$S_1 + VP_1/AP$，故 + $S_2 + VP_2$
他　赢得了奥运会的金牌，故　记者　打算采访他。
两座城市的距离　不远，故　我们　打算开车过去。
因　她　喜欢花，故　家里　摆满了各种鲜花。

小提示

（1）在因果复句“（因）……，故……”结构中，如果前后两个分句的主语相同，后一分句往往要省略主语。例如：

*他已经适应了国外的生活，故他不打算回来了。
他已经适应了国外的生活，故不打算回来了。

（2）在因果复句“(因)……，故……”结构中，如果前后两个分句的主语不同，后一分句的主语应放在“故”后。例如：

* 他赢得了奥运会的金牌，记者故打算采访他。

他赢得了奥运会的金牌，故记者打算采访他。

117 因果复句：鉴于……，……

【七—九 114】

◎ 基本语义及用法

“鉴于”用在表示因果关系的复句中，前一个分句陈述事情发生的原因、依据或理由，后一分句表示事情的结果。一般用于书面语。

◎ 典型例句和对话

例句	交际实践
①鉴于学生的评价以及期末成绩，我认为教学效果非常理想。	（在会议室，谈论课堂效果） A：这个学期听力课的教学效果怎么样？ B：**鉴于学生的评价以及期末成绩，我认为教学效果非常理想。**
②鉴于他在处理这种问题上缺少经验，公司决定派我来帮助他。	（在公司，经理亲自来指导工作） A：王经理，您怎么亲自来指导他的工作？ B：**鉴于他在处理这种问题上缺少经验，公司决定派我来帮助他。**
③鉴于病人病情恶化，医生建议他早日做手术。	（在医院，询问爸爸的病情） 家属：请问我爸爸的病情怎么样？ 护士：**鉴于病人病情恶化，医生建议他早日做手术。**

◎ 补充例句

①鉴于体育馆正在维修，我们决定去学校操场训练。

②鉴于旅游旺季游客过多，景区采取了限制游客流量的措施。

③鉴于小区的车辆太多，物业公司增加了不少停车位。

④鉴于学习中文的人数与日俱增，中国很多大学都开始招收外国留学生。

⑤鉴于夜间行驶不太安全，我们计划明早出发。

⑥鉴于他在救援活动中做出了突出贡献，领导决定授予他“英雄模范”称号。

◎ 结构特点

鉴于 + S_1 + VP_1/AP，S_2 + VP_2
鉴于　学习中文的人数　与日俱增，中国很多大学　都开始招收外国留学生。
鉴于　小区的车辆　太多，物业公司　增加了不少停车位。

小提示

在因果复句“鉴于……，……”结构中，前一分句的主语要放在“鉴于”之后。例如：

* 他鉴于在处理这种问题上缺少经验，公司决定派我来帮助他。
鉴于他在处理这种问题上缺少经验，公司决定派我来帮助他。

118 因果复句：（由于）……，以致……　【七—九 115】

◎ 基本语义及用法

“以致”用在后一分句的开头，表示下文是上述原因所形成的结果（多指不好的结果）。

◎ 典型例句和对话

例句	交际实践
①他睡过头了，以致错过了第一节课。	（在教室，谈论山本迟到原因） A：山本怎么第二节课才来？ B：**他睡过头了，以致错过了第一节课。**
②他由于学习不认真，以致考了最后一名。	（在教室，谈论麦克不开心的原因） A：成绩出来了，麦克怎么不太开心？ B：**他由于学习不认真，以致考了最后一名。**
③这个城市主要采用填埋和焚烧的方式对生活垃圾进行处理，以致一些垃圾资源得不到回收利用。	（在教室，谈论环保问题） A：**这个城市主要采用填埋和焚烧的方式对生活垃圾进行处理，以致一些垃圾资源得不到回收利用。** B：看来科学处理垃圾势在必行。

◎ **补充例句**

①他啃苹果时太过用力，以致啃掉了一颗牙。

②她整天为了工作奔波，以致没时间陪孩子。

③他看书的时候过于专注，以致忘了吃饭的时间。

④昨天我们去爬山，由于山高林密，手机无法导航，以致迷失了方向。

⑤他在做题的时候粗心大意，以致落了一道题丢了十分。

⑥这家店门口写着“欢迎光顾”四个大字，但由于地理位置过于偏僻，以致无人前往。

◎ **结构特点**

① S + VP_1/AP，以致 + VP_2

他　啃苹果时　太过用力，以致　啃掉了一颗牙。

他　在做题的时候　粗心大意，以致　落了一道题丢了十分。

② S_1 + VP_1/AP，以致 + S_2 + VP_2

她　总在背后　议论别人，以致　谁　都不愿意和她做朋友。

这家店　由于地理位置　过于偏僻，以致　无人　前往。

小提示

在因果复句“（由于）……，以致……”结构中，后一分句的主语要放在“以致”之后。例如：

* 她总在背后议论别人，谁以致都不愿意和她做朋友。

她总在背后议论别人，以致谁都不愿意和她做朋友。

119 因果复句：……，以至于……　【七—九 116】

◎ **基本语义及用法**

“以至于”用在下半句话的开头，表示于上文所说的动作、情况的程度所形成的结果（多指不好的结果）。

◎ 典型例句和对话

例句	交际实践
①事情发生得太突然，以至于大家都难以反应过来。	（在咖啡厅，谈论舞台事故） A：当时舞台上的灯都掉下来了，怎么没人过去帮忙？ B：**事情发生得太突然，以至于大家都难以反应过来。**
②这篇课文麦克读了很多遍，以至于全文都背得出来。	（在教室，同学们在读课文） 学生：**这篇课文麦克读了很多遍，以至于全文都背得出来。** 老师：太棒了，让我们一起来听听麦克的朗诵。
③该做决定的时候他犹豫不决，以至于功败垂成。	（在公司，谈论项目失败的原因） A：这个项目不是没问题了吗，怎么失败了？ B：**该做决定的时候他犹豫不决，以至于功败垂成。**

◎ 补充例句

①他平时没有攒钱的习惯，以至于突然出事的时候拿不出钱来。
②我太思念女朋友了，以至于晚上做梦总梦到她。
③他对这件事情太着迷了，以至于吃饭、睡觉都不太在意了。
④她考试时粗心大意，错了几道题丢了很多分，以至于最后没能及格。
⑤网上的假新闻太多了，以至于很多人分辨不清。
⑥订单太多了，以至于店里都忙不过来了。

◎ 结构特点

两个分句的主语可以相同，也可以不同。

① $S + VP_1/AP$，以至于 + VP_2
这篇课文　麦克　读了很多遍，以至于　全文都背得出来。
她　考试时　粗心大意，错了几道题丢了很多分，以至于　最后没能及格。
② $S_1 + VP_1/AP$，以至于 + $S_2 + VP_2$
事情　发展得太快，以至于　大家　都难以反应。
网上的假新闻　太多　了，以至于　很多人　分辨不清。

小提示

在因果复句"……，以至于……"结构中，如果两个分句的主语不同，后一分句的主语要放在"以至于"之后。例如：

* 订单太多了，店里以至于都忙不过来了。

订单太多了，以至于店里都忙不过来了。

120 因果复句：之所以……，是因为 / 是由于……

【七—九 117】

◎ 基本语义及用法

前一分句说明事情的结果，后一分句说明事情的原因。

◎ 典型例句和对话

例句	交际实践
①这部电影之所以好看，是因为内容很有趣。	（在电影院，刚看完电影） A：这部电影这么受欢迎，一定是因为观众喜欢这位明星的缘故吧。 B：**我觉得这部电影之所以好看，是因为内容很有趣。**
②人类文明之所以能不断进步，是由于人类在不断创新。	（在教室，讨论人类文明发展） A：人类文明为什么能不断进步？ B：**人类文明之所以能不断进步，是由于人类在不断创新。**
③他之所以身体素质好，是因为他经常锻炼。	（在茶馆儿，聊爷爷的健康之道） A：听说你爷爷从来不生病，都快七十岁了还能参加长跑比赛？ B：**他之所以身体素质好，是因为他经常锻炼。**

◎ **补充例句**

①他之所以考试不及格，是因为平时学习不认真。
②这种产品之所以畅销，是因为它的质量很好。
③病人之所以中毒，是因为吃了不健康的食品。
④脂肪之所以能为人体消化和吸收，是因为胆汁在作用。
⑤野炊活动之所以推迟，是由于天气预报说明天下雨。
⑥记者之所以打算采访他，是由于他拿到了奥运会的奖牌。

◎ **结构特点**

两个分句的主语可以相同，也可以不同。

① S + 之所以 + VP_1，是因为 / 是由于（+ S）+ VP_2
他 之所以 身体素质好，是因为 他 经常锻炼。
病人 之所以 中毒，是因为 吃了不健康的食品。
② S_1 + 之所以 + VP_1/AP_1，是因为 / 是由于 + S_2 + VP_2/AP_2
记者 之所以 打算采访他，是由于 他 拿到了奥运会的奖牌。
这部电影 之所以 好看，是因为 内容 很有趣。

小提示

在因果复句“之所以……，是因为 / 是由于……”结构中，结果在前，原因在后，两个分句的位置不能调换。例如：

* 这部电影之所以内容很有趣，是因为好看。
这部电影之所以好看，是因为内容很有趣。

121 让步复句：固然……，也…… 【七—九 118】

◎ **基本语义及用法**

表示确认某一事实，接着说同时也应该承认另一事实，前后意思不矛盾，转折较轻，重在突出后一分句。一般用于书面语。

◎ **典型例句和对话**

例句	交际实践
①这份工作固然难做，也还可以应付。	（在家，聊丈夫找的新工作） 妻子：新换的这份工作难不难做？ 丈夫：**这份工作固然难做，也还可以应付。**
②她的话固然给我安慰，也使我难过。	（在家，聊女儿找工作） 爸爸：妈妈昨天说了，一下子找不到工作没关系，慢慢找吧。 女儿：**她的话固然给我安慰，也使我难过。**
③事业固然重要，你也不能忽视身体健康。	（在办公室，叮嘱同事注意身体） A：最近连续加班，昨晚熬夜才把图纸画出来。 B：**事业固然重要，你也不能忽视身体健康。**

◎ **补充例句**

①学习中文的过程固然有趣，也需要很大的耐心。
②这固然是我们乐意做的事，也是我们的责任。
③网络固然使我们受益，也带来了很多麻烦。
④烟花绽放固然美丽，也只是一瞬间。
⑤完成的数量多固然好，也需要注意完成的质量。
⑥坚持不懈固然很好，学会放弃也需要智慧。

◎ **结构特点**

两个分句的主语可以相同，也可以不同。

① S + 固然 + VP_1/AP，也 + VP_2
网络　固然　使我们受益，也　带来了很多麻烦。
烟花绽放　固然　美丽，也　只是一瞬间。
② S_1 + 固然 + VP_1/AP_1，S_2 + 也 + VP_2/AP_2
他　固然　有过错，你　也　有错在先。
事业　固然　重要，你　也　不能忽视身体健康。
坚持不懈　固然　很好，学会放弃　也　需要智慧。

小提示

在让步复句“固然……，也……”结构中，如果前后两个分句的主语不同，则后一分句的主语应放在“也”之前。例如：

* 事业固然重要，也你不能忽视身体健康。

事业固然重要，你也不能忽视身体健康。

122 让步复句：……固然……，但是／可是／不过……

【七—九 119】

◎ 基本语义及用法

表示即使发生了某种情况或说话者认同了某种事实，但是情况也没有改变，前后分句意思矛盾，用法接近“虽然”。一般用于书面语。

◎ 典型例句和对话

例句	交际实践
①一个人的成功，聪明固然重要，但是努力更重要。	（在咖啡厅，聊努力的重要性） A：**一个人的成功，聪明固然重要，但是努力更重要。** B：我觉得李天明老师就是这样的人。
②网络固然给我们带来了便利，可是也给我们带来了麻烦。	（在咖啡厅，聊网络的利弊） A：现在在网上发表观点很容易，但同时也更容易引起误会。 B：**网络固然给我们带来了便利，可是也给我们带来了麻烦。**
③这种方法固然有用，不过也不能解决根本问题。	（在医院，咨询治疗方法） 病人：我可以只控制饮食，不吃药吗？ 医生：**这种方法固然有用，不过也不能解决根本问题。**

◎ 补充例句

①努力固然重要，不过用对方法，效率会更高。

②我家乡的烤鸭固然好吃，但是不如北京烤鸭原汁原味。
③他给你的建议固然好，可是你也要有自己的思考。
④她固然经验丰富，可是也难免会犯错。
⑤高雅的音乐固然让人向往，不过通俗的歌曲也有迷人之处。
⑥股市收益固然高，不过风险也不小。

◎ 结构特点

两个分句的主语可以相同，也可以不同。

① S + 固然 + VP_1/AP，但是 / 可是 / 不过 + VP_2
经验　固然　重要，但是　不能不知变通，过于死板。
网络　固然　给我们带来了便利，可是　也给我们带来了麻烦。
这种方法　固然　有用，不过　也不能解决根本问题。
② S_1 + 固然 + VP_1/AP_1，但是 / 可是 / 不过 + S_2 + VP_2/AP_2
聪明　固然　重要，但是　努力　更重要。
他的建议　固然　好，可是　你　也要有自己的思考。
高雅的音乐　固然　让人向往，不过　通俗的歌曲　也有迷人之处。
股市收益　固然　高，不过　风险　也不小。

小提示

在让步复句“固然……，但是 / 可是 / 不过……”结构中，当前后两个分句的主语相同时，后一分句的主语往往可以省略。例如：

* 她固然经验丰富，可是她也难免会犯错。
她固然经验丰富，可是也难免会犯错。

123 让步复句：即便……，也……　【七—九 120】

◎ 基本语义及用法

表示就算发生了某种情况，事情的发展也不会改变。一般用于书面语。

◎ 典型例句和对话

例句	交际实践
①即便你成绩好，也不能骄傲。	（在家，教育儿子） 儿子：这次考试太简单了，我准考第一。 妈妈：虚心点儿吧，**即便你成绩好，也不能骄傲**。
②她眼神中充满的即便不是感动，至少也是同情。	（在教室，谈论安娜） A：安娜一定被这个小孩儿的事迹深深地感动了。 B：我觉得也是，你看，**她眼神中充满的即便不是感动，至少也是同情**。
③即便再难学，我也会坚持学下去。	（在教室，谈论学习汉字） 老师：汉字很难学，你有信心坚持下去吗？ 学生：**即便再难学，我也会坚持学下去**。

◎ 补充例句

①这个地方的旅游业不可能有大的发展，即便一时发展了，也不可能持久。

②即便一时读不了那么多的书，但一本、五本也是不小的收获啊！

③即便大家都不赞成他的观点，他也不气馁。

④只要你努力了，即便结果不如意，也算没辜负自己。

⑤这种口罩卖得太好了，即便公司加大了生产力度，也供不应求。

⑥他的能力很强，即便他不善交际，拜访他的人也不少。

◎ 结构特点

两个分句的主语可以相同，也可以不同。

① S＋即便＋VP_1/AP_1，也＋VP_2/AP_2

他　即便　遇到意外事故，也　会与我联系。

你　即便　没有被录取，也　不要难过。

②即便＋S＋VP_1/AP_1，也＋VP_2/AP_2

口罩卖得太好了，**即便**　**公司**　**加大了生产力度，也**　**供不应求**。

即便　你　成绩好，也　不能骄傲。

③即便 + S_1 + VP_1/AP_1，S_2 + 也 + VP_2/AP_2

他的能力很强，即便 他 不善交际，拜访他的人 也 不少。

即便 大家 都不赞成他的观点，他 也 不气馁。

他太骄傲了，即便 他的能力 很强，同学们 也都不喜欢他。

小提示

在让步复句“即便……，也……”结构中，如果两个分句的主语不同，后一分句的主语要放在“也”之前。例如：

* 即便汉字再难学，也我会坚持学下去。

即便汉字再难学，我也会坚持学下去。

124 让步复句：虽说……，但是 / 可是 / 不过……

【七—九 121】

◎ 基本语义及用法

可以用来表示就算某种情况出现了或说话者认同了某个观点，但事情的结果并不会发生改变。语气较为委婉。

◎ 典型例句和对话

例句	交际实践
①虽说他年纪小，但是也不能过于纵容他。	（在家，聊儿子的教育） 爸爸：儿子说他今天不愿意去参加学校的公益活动。 妈妈：这可不行，**虽说他年纪小，但是也不能过于纵容他。**
②虽说中文很难，可是也很有意思。	（在教室，聊学习中文） A：中文真难学，不知道我能不能坚持学下去。 B：**虽说中文很难，可是也很有意思。**

例句	交际实践
③虽说这看起来是件简单的事，不过我们应该要重视起来。	（在家，聊垃圾分类） 妈妈：扔垃圾之前一定要提前分类。 儿子：我知道，**虽说这看起来是件简单的事，不过我们应该要重视起来**。

◎ 补充例句

①虽说这家店的东西很好吃，但是地理位置太偏僻了。
②虽说你的病情好些了，可是也不能立刻下床啊。
③虽说我的家乡并不出名，不过那儿的风景却无比美丽。
④虽说我来中国的时间不长，不过却对中国文化产生了浓厚的兴趣。
⑤我虽说很想帮你的忙，可是能力不足，想帮也帮不了。
⑥这项工作虽说不难，但是如果不认真也还是做不好。

◎ 结构特点

虽说 + S_1 + VP_1/AP_1，但是 / 可是 / 不过（+ S_2）+ VP_2/AP_2
虽说　他　年纪小，但是　也不能过于纵容他。
虽说　我来中国的时间　不长，不过　却对中国文化产生了浓厚的兴趣。
虽说　我的家乡　并不出名，不过　那儿的风景　却无比美丽。

小提示

在让步复句“虽说……，但是 / 可是 / 不过……”结构中，如果后一分句出现主语，要放在“但是、可是、不过”之后。例如：

* 虽说我的家乡并不出名，那儿的风景不过却无比美丽。
　虽说我的家乡并不出名，不过那儿的风景却无比美丽。

125 让步复句：纵然……，也…… 【七—九 122】

◎ 基本语义及用法

“纵然”相当于“即使”，常与“也”呼应，表示就算不希望的情况出现了，事情的结果也不会发生改变，语气坚定。一般用于书面语。

◎ 典型例句和对话

例句	交际实践
①我们的意见纵然不一致，也应当互相理解。	（在课堂上，进行小组讨论） 老师：这次小组讨论的主题是“结婚后女性应不应该工作”。 组长：提前声明一下儿，**我们的意见纵然不一致，也应当互相理解**。
②大家的批评纵然尖锐，咱们也一概虚心接受。	（在公司，准备明天的会议） A：这次的实验又失败了，明天会不会有很多人说我们？ B：**大家的批评纵然尖锐，咱们也一概虚心接受**。
③纵然这次考试成绩不理想，你也不要气馁。	（在办公室，老师鼓励学生） 学生：这已经是我第三次报名参加HSK考试了，我真想放弃了。 老师：别放弃，**纵然这次考试成绩不理想，你也不要气馁**，坚持就是胜利。

◎ 补充例句

①纵然足球比赛的时间推迟了，球迷的热情也仍然高涨。
②高新技术产业纵然发展得很快，也还存在着一些问题。
③企业若失去信誉，纵然一时得利，日后也必吞苦果。
④道德是做人的根本，根本一坏，纵然你有些学问和本领，也难堪大任。
⑤纵然遇到了难以解决的问题，他也能从容不迫地面对。
⑥纵然失败不可避免，我们也要奋力拼搏。

◎ 结构特点

两个分句的主语可以相同，也可以不同。

① S + 纵然 + AP/VP_1，也 + VP_2

我们的意见　纵然　不一致，也　应当互相理解。

②纵然 + VP_1，S + 也 + VP_2

纵然　遇到了难以解决的问题，他　也　能从容不迫地面对。

③纵然 + S_1 + VP_1，S_2 + 也 + VP_2

纵然　失败　不可避免，我们　也　要奋力拼搏。

小提示

在让步复句“纵然……，也……”结构中，如果后一分句有主语，主语应在“也”之前。例如：

* 纵然足球比赛的时间推迟了，也球迷仍然热情高涨。

纵然足球比赛的时间推迟了，球迷也仍然热情高涨。

126 目的复句：……，以……　【七—九 123】

◎ 基本语义及用法

“以”是“用、拿”的意思，引进动作行为赖以实现的工具和手段等。

◎ 典型例句和对话

例句	交际实践
①政府用一些烈士的名字命名这些街道，以纪念在战争中牺牲的战士。	（在教室，和同学一起看地图） A：据说这个城市很多街道的名字都有特殊的含义。 B：是的，**政府用一些烈士的名字命名这些街道，以纪念在战争中牺牲的战士**。

例句	交际实践
②王老师采用新的教学方法上课，以调动学生的积极性。	（在办公室，谈论王老师的新教学方法） A：今天在王老师的引导下，这个班的学生在课堂上表现得都很活跃。 B：是的，**王老师采用新的教学方法上课，以调动学生的积极性**，是很明智的做法。
③公司对所有员工进行了培训，以增强他们的服务意识。	（在公司，谈论员工的服务水平） 客户：仅半年时间，我深切地感受到你们员工的服务水平有了很大的进步。 经理：是的，**公司对所有员工进行了培训，以增强他们的服务意识**。

◎ 补充例句

①地铁入口处设置了快餐车，以方便乘客们吃早餐。
②电影院准备了可以出租的3D眼镜，以增加电影票的销量。
③学校重建了体育馆，以满足师生运动的需求。
④秘书将需要处理的文件分类放好，以方便查找。
⑤服务员对酒店房间进行了严格的消毒，以确保客人的安全。
⑥我每天都会去健身房进行一个小时的力量训练，以保持健康的体质。

◎ 结构特点

$S + VP_1$，以 $+ VP_2$
政府　用一些烈士的名字命名这些街道，以　纪念在战争中牺牲的战士。
秘书　将需要处理的文件分类放好，以　方便查找。

小提示

（1）在目的复句“……，以……”结构中，“以”只能出现在第二个分句句首，不能出现在第一个分句中。例如：

* 以调动学生的积极性，王老师采用新的教学方法上课。
王老师采用新的教学方法上课，以调动学生的积极性。

（2）在目的复句“……，以……”结构中，前后两个分句的主语是相同的，后一分句的主语往往省略，“以”的前后都不能再出现主语。例如：

* 政府用一些烈士的名字命名这些街道，政府以纪念在战争牺牲中的战士。

* 政府用一些烈士的名字命名这些街道，以政府纪念在战争牺牲中的战士。

政府用一些烈士的名字命名这些街道，以纪念在战争中牺牲的战士。

127 目的复句：……，以免 / 免得……　【七—九 124】

◎ 基本语义及用法

用来表示提醒别人做某事，目的是使下文所说的事情不至于发生，有提醒的意味。

◎ 典型例句和对话

例句	交际实践
①出门在外要看好你的东西，以免丢失。	（在家，叮嘱要出门的儿子） 妈妈：**出门在外要看好你的东西，以免丢失。** 儿子：我知道了，我会注意的。
②你把这个存手机里吧，免得过后忘记。	（在旅行社，给客人联系方式） 客人：请问这是您的联系方式吗？ 导游：是的，**你把这个存手机里吧，免得过后忘记。**
③不要在过马路的时候玩儿手机，以免发生危险。	（在十字路口处，提醒朋友） A：**不要在过马路的时候玩儿手机，以免发生危险。** B：好的，谢谢你的提醒。

◎ 补充例句

①出门前要关好门窗，以免财物丢失。

②加强安全措施，以免发生工伤事故。

③你吃饭的时候要小心，免得弄脏衣服。

④健身前要做适当的准备活动，以免在健身过程中受伤。

⑤酒后绝对不能开车，以免发生事故。

⑥你在国外留学要记得定期联系家人，免得他们担心。

◎ **结构特点**

① （S +）VP_1，以免 / 免得 + VP_2

你　吃饭的时候　要小心，免得　弄脏衣服。

健身前　要做适当的准备活动，以免　在健身过程中受伤。

酒后　绝对　不能开车，以免　发生事故。

② （S_1 +）VP_1，以免 / 免得 + S_2 + VP_2

你　在国外留学　要记得定期联系家人，免得　他们　担心。

出门前　要关好门窗，以免　财物　丢失。

小提示

（1）在目的复句“……，以免 / 免得……”结构中，“以免、免得”后面跟的是说话人不想发生的情况，因此不能加“不”。例如：

* 出门在外要看好你的东西，以免不丢失。

出门在外要看好你的东西，以免丢失。

（2）在目的复句“……，以免 / 免得……”结构中，“以免、免得”引导的句子是不希望发生的事情，只能作为后一分句，不能作为前一分句。例如：

* 以免丢失，出门在外要看好你的东西。

出门在外要看好你的东西，以免丢失。

* 免得弄脏衣服，你吃饭的时候要小心。

你吃饭的时候要小心，免得弄脏衣服。

128 解说复句：……，也就是说…… 【七—九 125】

◎ **基本语义及用法**

前一分句说明一件事，后一分句解释说明这件事隐含的意义。

◎ **典型例句和对话**

例句	交际实践
①目前中国出生婴儿的性别比例是 120∶100，也就是说 120 个男孩儿出生时，只有 100 个女孩儿出生。	（在教室，讨论中国人口） A：目前中国新生儿的性别比例如何？ B：**目前中国出生婴儿的性别比例是 120∶100，也就是说 120 个男孩儿出生时，只有 100 个女孩儿出生。**

例句	交际实践
②今年北京地区的高考录取率在70%左右。也就是说三个考生中有两个能上大学。	（在教室，讨论北京的高考） A：今年北京地区的高考录取率怎么样？ B：**今年北京地区的高考录取率在70%左右。也就是说三个考生中有两个能上大学。**
③他说他周六晚上有别的事，也就是说他不能来参加晚会。	（在教室，想请山本参加晚会） 班长：你通知山本周六的晚会了吗？ 同学：**他说他周六晚上有别的事，也就是说他不能来参加晚会。**

◎ 补充例句

①水在零度以下就会变成冰，也就是说冰是固态的水。
②每个人都有自己选择的权利，也就是说你不应该强迫他。
③这家银行周末不开门，也就是说我们白来了。
④他对这件事胸有成竹，也就是说他肯定能干成这件事。
⑤你的学分没达到毕业要求，也就是说你还要再修几门课。
⑥他只是有口无心，也就是说他不是故意惹你生气的。

◎ 结构特点

两个分句的主语可以相同，也可以不同。

① S + VP_1，也就是说（+ S）+ VP_2
这　是我的决定，也就是说　不关你的事。
他　对这件事胸有成竹，也就是说　他　肯定能干成这件事。
② S_1 + VP_1，也就是说 + S_2 + VP_2
每个人　都有自己选择的权利，也就是说　你　不应该强迫他。

小提示

在解说复句"……，也就是说……"结构中，如果两个分句的主语不同，后一分句的主语要放在"也就是说"之后。例如：

* 这家银行周末不开门，我们也就是说白来了。
这家银行周末不开门，也就是说我们白来了。

129 紧缩复句：（要+）动词+就+动词+个+补语

【七—九 126】

◎ 基本语义及用法

表示如果要做某事，就做到一定程度。通常要做的事情是说话人主动去做的事情。

◎ 典型例句和对话

例句	交际实践
①要玩儿就玩儿个痛快，别总想工作。	（在游乐园，劝朋友玩儿尽兴些） A：我还有一堆工作没做，咱们早点儿回去吧。 B：**要玩儿就玩儿个痛快，别总想工作。**
②吃就吃个痛快，再点一些肉。	（在饭店，和老友相见） A：我们都半年没吃火锅了，这次一定要多吃点儿。 B：**吃就吃个痛快，再点一些肉。**
③今天发工资，我们要买就买个够。	（在超市，劝妻子多购物） 妻子：买了这么多东西了，别再买了。 丈夫：**今天发工资，我们要买就买个够。**

◎ 补充例句

①要研究就要研究个透，这才是科研的精神。
②要笑就笑个痛快，别憋着。
③要唱就唱个够，我们不会笑话你的。
④今天我陪你跑步，要跑就跑个痛快。
⑤要看就看个够，别留下遗憾。
⑥家里的家具都旧成这样了，要换就换个遍吧。

◎ 结构特点

① （要+）V+就+V+个+Adj，……
吃 就 吃 个 痛快，再点一些肉。

要 研究 就 要 研究 个 透，这才是科研的精神。

②……，(S +) 要 + V + 就 + V + 个 + Adj

今天我陪你跑步，要 跑 就 跑 个 痛快。

今天发工资，我们 要 买 就 买 个 够。

小提示

在紧缩复句“(要 +) 动词 + 就 + 动词 + 个 + 补语”结构中，“就”前后的两个动词要相同。例如：

要玩儿就玩儿个痛快，别总想工作。

要研究就要研究个透，这才是科研的精神。

130 紧缩复句：动词（+ 宾语 1）+ 就 + 动词（+ 宾语 1），别……

【七—九 127】

◎ 基本语义及用法

表示即使出现某种情况，说话人也不认同对方的观点或做法。通常用来劝说别人。

◎ 典型例句和对话

例句	交际实践
①走就走，别用这个威胁我！	（在公司，因工作而争执） 员工：如果公司不答应我的请求，我就提出辞职。 经理：**你走就走，别用这个威胁我！**
②吃了就吃了，别太担心，下次少吃点儿就行了。	（在咖啡厅，安慰朋友） A：这几天吃得有点儿多，我感觉自己变胖了。 B：**吃了就吃了，别太担心，下次少吃点儿就行了。**
③输了就输了，别把一次失败看得那么重要。	（在体育馆，将要进行比赛） A：这次比赛如果我们输了怎么办？ B：**输了就输了，别把一次失败看得那么重要。**

◎ 补充例句

①东西丢了就丢了，别找了。
②错就错了，别难过了，下次做对就好了。
③倒霉就倒霉吧，别太伤心了。
④如果实在过不下去，离婚就离婚吧，别难过了。
⑤坏就坏了，别再修了，买个新的吧。
⑥不去就不去吧，以后别后悔就好。

◎ 结构特点

VP_1 + 就 + VP_1，别 + VP_2/AP
走 就 走，别 用这个威胁我！
离婚 就 离婚 吧，别 难过 了。

小提示

在紧缩复句“动词（+宾语 1）+就+动词（+宾语 1）+了，别……”结构中，“就”前后的动词要一样。例如：

东西丢了就丢了，别找了。
走就走，别用这个威胁我！

131 反问句 3：何必 / 何苦……呢？ 【七—九 129】

◎ 基本语义及用法

用反问语气表示不必。

◎ 典型例句和对话

例句	交际实践
①我就是和你开个玩笑，何必当真呢？	（在咖啡厅，与朋友聊天儿） A：你这么说太过分了。 B：我就是和你开个玩笑，何必当真呢？

例句	交际实践
②都是老同学，何必这么客气呢？	（在饭馆，感谢老同学） A：这是我托人从杭州寄来的茶叶，感谢你给我的项目投资。 B：太客气了。**都是老同学，何必这么客气呢？**
③我要是知道是今天这结果，何苦当初去创业呢？	（在家，后悔当初创业） A：**我要是知道是今天这结果，何苦当初去创业呢？** B：也不能这么说，创业过程中你也学到了很多，不是吗？

◎ 补充例句

①这么近的路，我自己走回去就行了，何必来接我呢？
②何必在这种小事上伤脑筋呢？
③让我跑一趟不就行了，你何必亲自去呢？
④今天就可以动手，何必明天呢？
⑤我自己来吧，何苦求别人呢？
⑥何必为这点儿小事不高兴呢？

◎ 结构特点

“何必 / 何苦……呢”中间一般为动词性成分、形容词性成分或名词性成分。

何必 / 何苦 + VP/AP/NP + 呢？
我自己来吧，何苦　求别人　呢？
都是老同学，何必　这么客气　呢？
今天就可以动手，何苦　明天　呢？

小提示

（1）“何必 / 何苦……呢？”中的“何必”与“何苦”有时可以替换使用。例如：
我要是知道是今天这结果，何苦当初去创业呢？
我要是知道是今天这结果，何必当初去创业呢？
（2）当“何必”后是表积极意义的事件时，“何必”不能替换成“何苦”。例如：
* 都是老同学，何苦这么客气呢？
都是老同学，何必这么客气呢？

132 口语格式：（不过 / 但 / 可是）话又说回来，……

【七—九 130】

◎ 基本语义及用法

表示转折关系，表示说话人换一个角度对前面的观点进行补充说明，或者换一个立场提出不同的看法。用于口语，也可以说“话说回来”。

◎ 典型例句和对话

例句	交际实践
①话又说回来，不能因为生病就失去希望。	（在医院，安慰病人） A：生病了，谁的心情都不会好。**话又说回来，不能因为生病就失去希望。** B：谢谢你，我一定好好治病，尽早回到工作岗位。
②但话又说回来，这个结果对我们一点儿好处都没有吗？	（在会议室，讨论如何面对问题） A：问题已经出现了，就不要逃避，而是要及时解决问题，总结教训。 B：**但话又说回来，这个结果对我们一点儿好处都没有吗？**
③我理解，可是话说又回来，如果九月能去中国了，你却没有申请奖学金，那怎么办呢？	（在咖啡厅，商量申请奖学金） A：如果不能确定九月能到中国去学习，我就不想申请奖学金了。 B：**我理解，可是话又说回来，如果九月能去中国了，你却没有申请奖学金，那怎么办呢？**

◎ 补充例句

①你不去可以啊，话又说回来，你不去谁去呢？

②你可以跟他生气，但话又说回来，生气也解决不了什么问题。

③我当然想买房子啦，可是话又说回来，把一辈子的钱都放在这么一个小房子上值得吗？

④她是有点儿笨，但话又说回来，她难道一点儿优点都没有吗？

⑤你在这儿工作不愉快可以辞职，但话又说回来，去别的公司就一定能愉快地工作吗？

⑥经常加班确实很累，可是话又说回来，公司给的薪水也很不错啊。

◎ 结构特点

“(不过 / 但 / 可是) 话又说回来”承上启下，起连接作用。其中的“又”可以省略。

(S_1 +) P_1，(不过 / 但 / 可是) 话又说回来，$S_2 + P_2$
你　可以跟他生气，但话又说回来，生气　也解决不了什么问题。
经常加班　确实很累，可是话又说回来，公司　给的薪水也很不错啊。

133 口语格式：X（也）不是，不X也不是【七—九131】

◎ 基本语义及用法

表示不管做不做X这个动作或行为都不合适，某人处于为难、不知怎么办好的情况。一般用于口语。

◎ 典型例句和对话

例句	交际实践
①走不是，不走也不是，弄得我们不知道怎么办才好。	(在办公室，等待老板批准离职) A：老板批准你们离职了吗？ B：已经三天了，老板还没有答复我们。现在**走不是，不走也不是，弄得我们不知道怎么办才好。**
②笑也不是，不笑也不是，真让人尴尬。	(在咖啡厅，与朋友聊天儿) A：我一个朋友喜欢讲笑话儿，可是他讲的笑话儿经常一点儿也不好笑。**笑也不是，不笑也不是，真让人尴尬。** B：那你也假装笑一笑嘛。朋友相处，多替对方想想。
③这钱借也不是，不借也不是。	(在咖啡厅，聊妹妹借钱) A：这么说，你们刚卖了房子，你妹妹就开口借钱了？ B：是啊。**这钱借也不是，不借也不是。**

◎ 补充例句

①这一番话说得她哭不是，不哭也不是。

②商量也不是，不商量也不是，你到底要干什么？

③听了这话，他喝不是，不喝也不是，端着酒杯愣在那儿了。

④管也不是，不管也不是，我这个继母到底该怎么做呢？

⑤他说是便宜一点儿卖给我，此时我是买也不是，不买也不是，周旋了十分钟左右。

⑥安娜在一旁哭，一句话也不说，急得我劝也不是，不劝也不是，好为难。

◎ 结构特点

“X（也）不是，不X也不是”经常作谓语，后边经常有进一步的说明，还可以作补语。X一般是动词。

① S + V（也）不是，不V也不是（……）
这钱　借也不是，不借也不是。
我们　吃也不是，不吃也不是，太尴尬了。
② V（也）不是，不V也不是，S + P
商量也不是，不商量也不是，你　到底要干什么？
管也不是，不管也不是，我这个继母　到底该怎么做呢？
③ S_1 + V + 得 + S_2 + V（也）不是，不V也不是
这一番话　说　得　她　哭不是，不哭也不是。

134 口语格式：X也好/也罢，Y也好/也罢【七—九132】

◎ 基本语义及用法

列举两种不同的情况，表示不管什么情况，结果都是一样的。一般用于口语。

◎ 典型例句和对话

例句	交际实践
①去也好，不去也好，反正不是什么大不了的事。	（在家，谈论是否参加聚会） 妻子：这个聚会我们到底去不去参加？ 丈夫：去也好，不去也好，反正不是什么大不了的事。

例句	交际实践
②快乐也好，伤心也好，这个故事就要结束了。	（在咖啡厅，聊电视剧） A：这部电视剧触动了很多观众的记忆，大家看得又快乐又伤心。 B：**快乐也好，伤心也好，这个故事就要结束了。**
③你也罢，我也罢，都帮不了什么忙。	（在咖啡厅，聊小丽） A：没想到小丽这么年轻就得了癌症，我们能为她做点儿什么呢？ B：**你也罢，我也罢，都帮不了什么忙。**

◎ 补充例句

①赢也好，不赢也好，我们都能接受。
②走大路也好，走小路也好，只要能回去就行。
③茶也好，咖啡也好，医生都建议她别喝了。
④喜欢也罢，不喜欢也罢，这又不是给你买的。
⑤你答应也罢，不答应也罢，反正我要出国留学。
⑥开心也罢，伤心也罢，咱们都得接受这个结果。

◎ 结构特点

X、Y 可以是动词性成分、形容词性成分、名词性成分，在意义上是相反或相对的。“X 也好 / 也罢，Y 也好 / 也罢”用作前一分句，后一分句说明在这种情况下的结果。

$VP_1/AP_1/NP_1$ + 也好 / 也罢，$VP_2/AP_2/NP_2$ + 也好 / 也罢，……
走大路　也好，走小路　也好，只要能回去就行。
快乐　也好，伤心　也好，这个故事就要结束了。
茶　也好，咖啡　也好，医生都建议她别喝了。

小提示

这个格式可以不限于列举两项。例如：
工人也好，农民也好，知识分子也好，没有人是不支持改革开放的。

135 口语格式：X 了又 Y，Y 了又 X 【七—九 133】

◎ 基本语义及用法

表示反复进行两个相反的动作。一般用于口语。

◎ 典型例句和对话

例句	交际实践
①他装了又拆，拆了又装，修理了一整天也没修好。	（在家，妈妈询问电脑修理情况） 妈妈：你爸爸把电脑修好了吗？ 儿子：**他装了又拆，拆了又装，修理了一整天也没修好。**
②妹妹写了又擦，擦了又写，正在认真地练习写汉字。	（在家，想了解孩子在做什么） 妈妈：我回来了，云云在做什么呢？ 儿子：**妹妹写了又擦，擦了又写，正在认真地练习写汉字。**
③他们穿了又脱，脱了又穿，忙得不亦乐乎。	（在花园，想了解孩子们在做什么） A：孩子们在房间里干什么？ B：给洋娃娃穿衣服呢。**他们穿了又脱，脱了又穿，忙得不亦乐乎。**

◎ 补充例句

①我这几天吃了又睡，睡了又吃，肯定胖了不少。
②手机开了又关，关了又开，终于等到了航班安全到达的消息。
③她最近吃了又吐，吐了又吃，一下子瘦了很多。
④你老是买了又扔，扔了又买，太浪费钱了。
⑤大家聚了又散，散了又聚，一年也见不了几次面。
⑥这几年他们分了又合，合了又分，一直没结婚。

◎ 结构特点

X、Y 是意义相反或相对的动词。“X 了又 Y，Y 了又 X”一般作谓语，后边还有进一步说明的句子。

$S + V_1$了又V_2，V_2了又V_1，……
他　装了又拆，拆了又装，修理了一整天。
妹妹　写了又擦，擦了又写，正在认真地练习写汉字。

136 口语格式：X也X不……，Y也Y不……【七—九 134】

◎ 基本语义及用法

表示无论X或者Y都无法实现某种结果。一般用于口语。

◎ 典型例句和对话

例句	交际实践
①妈妈还处于担心的状态中，吃也吃不下，睡也睡不着。	（打电话，告诉舅舅妈妈的近况） 女儿：**妈妈还处于担心的状态中，吃也吃不下，睡也睡不着。** 舅舅：她这么担心也没用啊，你多开导她，让她好好休息。
②父母与孩子的关系就是这样，赶也赶不走，留也留不住。	（在家，与邻居聊孩子） 妈妈：女儿要独立，我又不放心；留在身边，又怕太惯着她。 邻居：父母和孩子要保持适当的距离。**父母与孩子的关系就是这样，赶也赶不走，留也留不住。**
③这东西就像刻在心里，忘也忘不了，扔也扔不掉。	（在公园，劝朋友忘记过去） A：过去的事情就过去了，你要往前看。 B：**这东西就像刻在心里，忘也忘不了，扔也扔不掉。**

◎ 补充例句

①这门是怎么回事？拉也拉不开，推也推不动。
②我都累坏了，站也站不住，走也走不动，就想躺着休息。
③这么贵重的东西，我买也买不起，借也借不到。
④他最喜欢的书丢了，我找也找不到，买也买不到。

⑤这么多水果堆在家里，扔也扔不了，吃也吃不完。

⑥最近腰疼得厉害，坐也坐不得，站也站不得，只能躺着。

◎ 结构特点

“X 也 X 不……，Y 也 Y 不……”一般作谓语。X 和 Y 可以是语义属同类的动词，如“吃、睡，站、走”；也可以是语义相对的动词，如“赶、留”。“不……”是否定形式的可能补语。

> ……，V_1 也 V_1 不……，V_2 也 V_2 不……
> 妈妈还处于担心的状态中，吃也吃不下，睡也睡不着。

137 口语格式：别提（有）多 X 了 【七—九 135】

◎ 基本语义及用法

“别提”是“别说”的意思，整个格式表示某事物的性状程度高到极点，含有夸张的语气。一般用于口语。

◎ 典型例句和对话

例句	交际实践
①刚才买的这件衣服，别提多好看了。	（在家，女儿展示刚买的衣服） 女儿：刚才买的这件衣服，别提多好看了。 爸爸：你喜欢就好。
②听到爸爸的声音，别提有多兴奋了。	（在家，孩子听到爸爸的声音很开心） 妈妈：刚才宝宝听到爸爸的声音，别提有多兴奋了。 爷爷：看来宝宝最喜欢爸爸啦。
③那时候我们别提有多羡慕他了。	（同学聚会，回忆过去的点点滴滴） A：麦克的作文写得好，经常被老师表扬。 B：是啊，那时候我们别提有多羡慕他了。

◎ 补充例句

①她考上了北京大学，全家人别提多高兴了。

②听到这个好消息，我们别提有多激动了。
③一看饲养员来了，大熊猫连滚带爬地从树上下来要吃的，别提多可爱了。
④想到远在国外的女儿，妈妈别提有多担心了。
⑤她男朋友每天接送她上班，别提有多关心她了。
⑥在这么优美的环境中生活，别提有多舒服了。

◎ 结构特点

“别提（有）多X了”一般作谓语。X经常是形容词，也可以是动词性成分。

S + 别提（有）多 + A/VP 了
刚才买的这件衣服，别提多 好看了。
想到远在国外的女儿，妈妈 别提有多 担心了。
这么脏乱差的环境，别提有多 影响心情了。

小提示

“别提（有）多X了”中的“多”也可以用“多么”替换。例如：
她考上了北京大学，全家人别提多高兴了。
她考上了北京大学，全家人别提多么高兴了。
在这么优美的环境中生活，别提有多舒服了。
在这么优美的环境中生活，别提有多么舒服了

138 口语格式：不知X的 【七一九 136】

◎ 基本语义及用法

引出下文的句子，也可以说成“不知怎么回事”。一般用于口语。

◎ 典型例句和对话

例句	交际实践
①不知怎么的，我的眼泪止不住地往下流。	（在家，妻子边看电视边流眼泪） 丈夫：这剧情这么感人吗？都把你感动哭了。 妻子：不知怎么的，我的眼泪止不住地往下流。

例句	交际实践
②不知谁说的，他才是凶手。	（在客厅，聊电视剧情） A：我觉得主人公肯定不是凶手。 B：**不知谁说的，他才是凶手。**
③不知怎么搞的，他们到现在还没有拿出节目单。	（在办公室，谈论晚会筹备情况） A：春节晚会筹备得怎么样了？ B：**不知怎么搞的，他们到现在还没有拿出节目单。**

◎ 补充例句

①不知怎么的，我一看见他就想笑。
②不知怎么的，今天图书馆没开门。
③不知怎么搞的，他这几天精神总是集中不起来
④不知怎么弄的，我的电脑没办法打印文件了。
⑤不知谁说的，下个月要期末考试了。
⑥不知怎么的，她最近一个星期都没有来上班。

◎ 结构特点

“不知 X 的”用于句首。X 经常是含有疑问代词的词语，如“怎么、怎么搞、谁说”等。

不知 QPr	（+ V）的，	S	+ P
不知怎么	的，	我的眼泪	止不住地往下流。
不知怎么	搞的，	他们	到现在还没有拿出节目单。
不知谁	说的，	他	才是凶手。

139 口语格式：话（说）是这么说，不过 / 可 / 可是…… 【七—九 137】

◎ 基本语义及用法

用来连接上下文，表示让步转折关系，引出跟前面相反的情况或看法，或对前面部分进行补充说明。一般用于口语。

◎ 典型例句和对话

例句	交际实践
①话是这么说，不过到一个新单位也得有个适应过程。	（在咖啡厅，聊妹妹的工作） A：“人挪活，树挪死。”你妹妹换个工作环境也挺好的。 B：**话是这么说，不过到一个新单位也得有个适应过程。**
②说是这么说，可对方要是真这么干，那我们也做不了什么。	（在办公室，聊客户） A：他们不可能因为这点儿事起诉我们，只是威胁罢了。 B：**说是这么说，可对方要是真这么干，那我们也做不了什么。**
③话是这么说，可是我不相信你能忍住不问。	（在公司，聊项目） A：既然项目交出去了，我以后不会再过问了。 B：**话是这么说，可是我不相信你能忍住不问。**

◎ 补充例句

①话是这么说，不过我不可能随便找人结婚的。
②话是这么说，可她还是舍不得辞掉工作。
③说是这么说，可是没有人不在乎钱。
④话是这么说，不过你还是别直接跟她发生冲突比较好。
⑤说是这么说，可王经理还是忍不住告诉了妻子。
⑥话是这么说，可是很多人未必能比她干得好。

◎ 结构特点

“话（说）是这么说”一般用于句首。

话（说）是这么说，不过 / 可 / 可是 + S + P
话是这么说，不过　我　不可能随便找人结婚的。
说是这么说，可　对方　要是真这么干，那我们也做不了什么。

140 口语格式：看 / 瞧你那（X）样 【七—九 138】

◎ 基本语义及用法

表示就对方的样子进行评价，带有调侃语气。一般用于口语。

◎ 典型例句和对话

例句	交际实践
①看你昨天那伤心样，还以为你这回真的好不到哪里去了。	（在家，聊女儿的考试成绩） 女儿：爸，昨天的考试成绩出来了，我又是全班第一。 爸爸：**看你昨天那伤心样，还以为你这回真的好不到哪里去了。**
②瞧你那样，还挺得意。	（在学校，大卫炫耀自己的比赛成绩） 大卫：我们队就在比赛最后一分钟连拿了两分，哈哈！ 安娜：**瞧你那样，还挺得意。**
③看你那熊样，我就知道关键时刻靠不住你。	（在路上，遇到突发事件） 男：那个人冲过来时，我真是吓呆了。 女：**看你那熊样，我就知道关键时刻靠不住你。**

◎ 补充例句

①看你那样，也不像是有钱人啊。
②看你那得意样，我还以为你中了一百万呢。
③看你那害怕样，我们跟你开玩笑的啦。
④瞧你那哆哆嗦嗦的样，还算是男人吗?!
⑤瞧你那高兴样，看来你已经知道消息啦。
⑥瞧你那小气样，我都懒得跟你多说。

◎ 结构特点

X 一般是形容词或心理动词，可以省略。“看 / 瞧你那（X）样”用于句首，后边是说话人的评价、看法。

看 / 瞧你那（+Adj/V）样，（S +）VP
看你那样，也不像是有钱人 啊。
瞧你那 高兴样，看来 你 已经知道消息 啦。
看你那 害怕样，我们 跟你开玩笑的 啦。

141 口语格式：看在 X 的面子上 【七一九 139】

◎ 基本语义及用法

表示某种前提条件，后边提出请求或做出让步的行为。一般用于口语。

◎ 典型例句和对话

例句	交际实践
①我是看在她的面子上才答应的。	（在咖啡厅，谈论答应玛丽的原因） A：玛丽一来求你，你就答应了？ B：我是看在她的面子上才答应的。
②看在你老师的面子上，我们会再给你一次机会。	（在公司，批评实习生） 经理：看在你老师的面子上，我们会再给你一次机会。 实习生：谢谢经理，我会记住这次的教训，以后不会再犯错了。
③看在妈妈的面子上，你就别再跟舅舅争吵了。	（在家，弟弟和舅舅吵架后） 弟弟：舅舅真是越来越过分了，什么事都要管。 姐姐：看在妈妈的面子上，你就别再跟舅舅争吵了。

◎ 补充例句

①三位客人看在老人的面子上又坐下了。
②我看在孩子的面子上原谅了她。
③请您看在我的面子上再给他一次改正的机会吧。
④看在师傅的面子上，这次不用你赔偿损失了。
⑤看在你妈妈的面子上，我这次就不跟你计较了。
⑥看在你父母的面子上，我决定饶你这一次了。

◎ **结构特点**

“看在 X 的面子上”作状语，X 是名词性成分。

① S + 看在 N 的面子上 + VP

三位客人　看在老人的面子上　又坐下　了。

我　看在孩子的面子上　原谅了她。

②看在 N 的面子上，S + VP

看在妈妈的面子上，你　就别再跟舅舅争吵　了。

看在师傅的面子上，这次　不用你赔偿损失　了。

142 口语格式：哪有 X 这么 Y 的 / 有 X 这样 Y 的吗

【七—九 140】

◎ **基本语义及用法**

反问句式，表示否定，强调没有这样做的，经常含有不满、指责的语气。一般用于口语。

◎ **典型例句和对话**

例句	交际实践
①哪有你这么过分的？好处全让你给占了。	（在家，姐弟俩在吵架） 弟弟：**哪有你这么过分的？好处全让你给占了。** 姐姐：那咱们换一下儿，你每天过来给爸妈买菜、做饭、打扫卫生。
②哪有你这么直接的？给他留点儿面子呀。	（在办公室，对麦克的行为不满） A：麦克又跟我借电脑，我说借不了。 B：**哪有你这么直接的？给他留点儿面子呀。**
③有他这样做人的吗？总是在背后说人家坏话。	（在茶馆儿，对朋友的行为不满） A：**有他这样做人的吗？总是在背后说人家坏话。** B：大家都知道他是什么人，你别生气了。

◎ **补充例句**

①哪有她这么不讲理的啊？还大学生呢。
②只管自己不管他人，哪有他这么做事的？
③孩子饿哭了才喂，哪有他们这么照顾孩子的？
④有你这样说话的吗？没大没小。
⑤有事不承担，有功劳跑前头，有她这样当领导的吗？
⑥有你这样管理团队的吗？啥都不管不问。

◎ **结构特点**

X是人称代词或指人的名词性成分，Y一般是形容词或动词性成分。“哪有X这么Y的/有X这样Y的吗”前面或后面一般会说明说话人的看法或评价。

哪有 + Pron/NP + 这么 + Adj/VP + 的？/有 + Pron/NP + 这样 + Adj/VP + 的吗？……
哪有　你　这么　过分　的？好处全让你给占了。
有　你　这样　说话　的吗？没大没小。
……哪有 + Pron/NP + 这么 + Adj/VP + 的？/有 + Pron/NP + 这样 + Adj/VP + 的吗？
只管自己不管他人，哪有　他　这么　做事　的？
有事不承担，有功劳跑前头，有　她　这样　当领导　的吗？

143 口语格式：什么X的Y的　【七一九141】

◎ **基本语义及用法**

列举不同类别的事物，表示不进行区分，强调一致。一般用于口语。

◎ **典型例句和对话**

例句	交际实践
①什么你的我的，都是大家的。	（在家，弟弟在分蛋糕） 弟弟：这是你的，这是我的，这是妈妈的。 姐姐：**什么你的我的，都是大家的。**
②什么好的坏的，我们买的都是一样的。	（在超市，两人都选购了苹果） A：我怎么觉得你买的这个更好一些呢？ B：**什么好的坏的，我们买的都是一样的。**

例句	交际实践
③什么吃的喝的，我都忘了带了。	（在火车上，和同事一起出差） A：你就带了这么一个小包啊？ B：走得着急，什么吃的喝的，我都忘了带了。

◎ **补充例句**

①什么香的臭的，你怎么都往家里带呢？
②什么河里的海里的，只要是鱼，我都喜欢吃。
③什么大的小的，他们全都放在一起不区分。
④什么南方的北方的，统统都是中国的。
⑤什么哥哥的姐姐的，我看那都是他们家自己的。
⑥什么她买的你买的，一家人还分什么彼此啊？

◎ **结构特点**

“什么 X 的 Y 的”中的 X、Y 可以是词，也可以是短语。后半句中一般会有“都、全、全都、统统”等与之搭配。

什么 X 的 Y 的，（S +）都 / 全 / 全都 / 统统 + VP
什么你的我的，都　是大家的。
什么好的坏的，我们买的　都　是一样的。
什么南方的北方的，统统　都　是中国的。

144 口语格式：说到 / 想到哪儿去了 【七—九 142】

◎ **基本语义及用法**

表示对上文内容的委婉否定。一般用于口语。

◎ **典型例句和对话**

例句	交际实践
①你看你，说到哪儿去了，我说的是买蛋糕的问题。	（在家，聊准备蛋糕） 妹妹：你是说我们自己做蛋糕吗？ 哥哥：你看你，说到哪儿去了，我说的是买蛋糕的问题。

例句	交际实践
②你想到哪儿去了！我肯定不会跟别人说的。	（在咖啡厅，答应朋友保守秘密） A：这事你可得给我保密啊。如果被别人知道，我就抬不起头了。 B：**你想到哪儿去了！我肯定不会跟别人说的。**
③说到哪儿去了，那时候你也有你的难处嘛。	（在饭馆，回忆过去） A：那时候我也没有帮上你的忙，现在想起来还是非常惭愧。 B：**说到哪儿去了，那时候你也有你的难处嘛。**

◎ 补充例句

①说到哪儿去了，你遇到问题能来找我，我高兴还来不及呢。
②你说到哪儿去了，咱们谁还不了解谁呢？
③你说到哪儿去了，好像离开了我这个世界就不会转了似的。
④你想到哪儿去了，小孙肯定不会背叛我的。
⑤她想到哪儿去了，我只是去那儿借本书。
⑥你想到哪儿去了，他们就是普通朋友而已。

◎ 结构特点

“说到 / 想到哪儿去了”作谓语，一般用于前半句，后半句提出说话人的观点。

S_1 + 说到 / 想到哪儿去了，S_2 + VP
你　说到哪儿去了，咱们　谁还不了解谁　呢？
她　想到哪儿去了，我　只是去那儿借本书。

小提示

“说到 / 想到哪儿去了”也可以说成“说 / 想哪儿去了、说到 / 想到哪里去了”。例如：

你说到哪儿去了，咱们谁还不了解谁呢？
你说哪儿去了，咱们谁还不了解谁呢？
你说到哪里去了，咱们谁还不了解谁呢？

145 口语格式：无所谓 X 不 X 【七—九 143】

◎ 基本语义及用法

“无所谓”是“说不上、谈不上”的意思，整个格式表示说话人认为是不是 X 不重要、可以忽略，含有不在乎的感情色彩。一般用于口语。

◎ 典型例句和对话

例句	交际实践
①无所谓好看不好看，你满意就行。	（在朋友的新家，谈论电视墙） A：电视墙这样弄，你觉得好看吗？ B：**无所谓好看不好看，你满意就行。**
②无所谓贵不贵，质量好就可以。	（在商店，谈论货物质量） A：这批货的做工非常好，不过价格要贵一点儿。 B：**无所谓贵不贵，质量好就可以。**
③无所谓好不好，她妈妈就是靠药物维持着罢了。	（在咖啡厅，聊小丽的妈妈） A：小丽妈妈的病现在好一些了吗？ B：**无所谓好不好，她妈妈就是靠药物维持着罢了。**

◎ 补充例句

①无所谓真不真，只要我觉得好看就行。

②无所谓富不富，我反正不会饿着你。

③无所谓后悔不后悔，不过我有时候也会想，如果当时选择出国会怎么样？

④无所谓讲理不讲理，她就是喜欢跟人辩论。

⑤这种事情本来就是“公说公有理，婆说婆有理”，无所谓对不对。

⑥我无所谓成功不成功，但我在乎自己的成长。

◎ 结构特点

“无所谓 X 不 X”常用于前半句，后半句说明说话人的看法，它也可以用于后半句。X 一般是形容词或动词。

无所谓 Adj/V 不 Adj/V，S + P
无所谓好看不好看，你　满意就行。
S + P，无所谓 Adj/V 不 Adj/V
这种事情　本来就是“公说公有理，婆说婆有理”，无所谓对不对。

146 口语格式：要 X 有 / 没 X，要 Y 有 / 没 Y

【七—九 144】

◎ 基本语义及用法

强调各方面的条件都具备或都不具备。用于口语。

◎ 典型例句和对话

例句	交际实践
①她要成绩有成绩，要形象有形象。	（在咖啡厅，聊玛丽） A：**她要成绩有成绩，要形象有形象。**你怎么看不上她？ B：我不是看不上玛丽，而是觉得我们不合适。
②这附近要商店没商店，要医院没医院，生活很不方便。	（在中介处，聊刚看的房子） A：你觉得这套房子怎么样？ B：我觉得不怎么样，**这附近要商店没商店，要医院没医院，生活很不方便。**
③他要房子有房子，要车子有车子，这条件还算一般啊？	（在咖啡厅，聊王强） A：王强家的经济条件挺一般的。 B：**他要房子有房子，要车子有车子，这条件还算一般啊？**

◎ 补充例句

①要学问有学问，要风度有风度，他还不算优秀啊？
②她要美貌有美貌，要身材有身材，真是令人羡慕。

③要资金有资金，要设备有设备，你们还有什么理由不努力？
④要钱没钱，要房没房，哪个姑娘会嫁给他？
⑤要吃的没吃的，要穿的没穿的，我们怎么过日子？
⑥要资源没资源，要人才没人才，我们这里怎么才能发展经济呢？

◎ 结构特点

X、Y 一般是名词性成分，“要 X 有 / 没 X，要 Y 有 / 没 Y”一般作谓语。

（S+）要 NP 有 / 没 NP，要 NP 有 / 没 NP
她　要成绩有成绩，要形象有形象。
要资源没资源，要人才没人才，我们这里怎么才能发展经济呢？

附录

一、词类

（一）代词

【七一九 003】指示代词（3）：兹

意思是“这个”，用于书面语，如“兹事体大（这是件大事情）、念兹在兹（念念不忘这件事）”。

（二）量词

【七一九 004】名量词：（1）栋、粒、枚、则、盏；（2）复合量词：人次

（1）栋：用于房屋，如“两栋房子、四栋楼”。

（2）粒：用于粒状的东西，如“一粒米、三粒药、五粒花生、六粒子弹”。

（3）枚：跟“个”相近，一般用于形体小的东西，如“一枚印章、五枚硬币”。

（4）则：用于分项或自成段落的文字的条数，如“一则新闻、两则消息、三则寓言”。

（5）盏：用于灯，如“一盏灯、两盏台灯”。

（6）人次：复合量词，表示参加某项活动若干次人数的总和，如“接待三千人次”，可能是“接待三千个只来了一次的人”，也可能是“接待一千五百个来了两次的人”。

（三）副词

【七一九 016】时间副词：即

意思是“立即、就、便”，用于书面语。“即”经常用于四字词语，构成“AB 即 C”格式，整体作谓语。例如：

①冲突一触即发。

②这种民歌西北人张口即来。

③她对男朋友招之即来，挥之即去，实在是太过分了。

④对待教育问题，不宜忽视，要严肃对待，有错即改。

二、句子成分

【七一九 085】宾语的语义类型 3：（1）方式宾语；（2）工具宾语；（3）材料宾语；（4）目的宾语

（1）方式宾语

从语义关系看，宾语表示的事物是动作行为的方式，我们把这样的宾语叫作方式宾语。例如：

①他唱歌喜欢唱中文。

②为了节省时间，这个包裹还是寄航空吧。

（2）工具宾语

从语义关系看，宾语表示的事物是动作过程中所使用的一种工具，我们把这样的宾语叫作工具宾语。例如：

①他坚持每天写毛笔。

②他吃大碗，我吃小碗。

（3）材料宾语

从语义关系看，宾语表示的事物是动作过程中所使用的材料，我们把这样的宾语叫作材料宾语。例如：

①新手养菊花，该如何浇水？

②他在脸上盖一张报纸睡着了。

（4）目的宾语

从语义关系看，宾语表示的是动作行为的目的，我们把这样的宾语叫作目的宾语。例如：

①为了拍这部电影，他到处去拉赞助。

②他在我们公司主要跑项目。

三、复句

【七—九 128】三重或三重以上的复句

复句按结构层次分类，可分为一重复句、二重复句、三重复句、四重复句等。

（1）一重复句

①这部电影之所以好看，|[因果]是因为内容很有趣。

②虽然我把主要精力用于数学，|[转折]但我并没有放弃古诗文的学习。

（2）二重复句

①一次考试，通过短时间的努力得优秀不太难。||[转折]可是每次考试得优秀却不是件容易的事情。|[解说]每一次的考试，他都会围绕自己的不足，进行有针对性的复习。

②我时常写点儿诗，|[顺承]既丰富业余生活，||[并列]又练了自己的文笔，||[并列]对写论文也有很大的帮助。

（3）三重复句

①他对中文感兴趣，|||[递进]而且对中国文化也十分好奇，||[因果]所以决定去中国留学，|[转折]但遭到了父母的反对。

②大家不要只看外面的风景，|||[并列]也不要只顾看手机，||[转折]而是要看好自己的物品，|[目的]以免产生不必要的损失。

③我们无论认识什么事物，|||[条件]都必须全面地去看，||[并列]不但要看到它的正面，|||

递进而且要看到它的反面，|条件否则，就不能有比较完全的、正确的认识。

（4）四重复句

①此外，有一点特别想提醒父母。|解说低年级的孩子通常没有很清楚的是非概念，||||因果他们会一再重复曾经挨骂或被夸奖的事情，|||递进而且他们都认为自己是好孩子，是对的。||因果因此，父母对于孩子的良好行为，必须当场给予鼓励，||||顺承使孩子产生“这样做才是好孩子”的意识，|||顺承进而才能渐渐地朝这些行为去发展。

②成绩能够鼓励人，||并列同时会使人骄傲；|并列错误使人倒霉，||||并列使人着急，|||因果是个敌人，||转折但也是我们很好的“老师”。

四、句群

句群按形式分类，可分为带关联词语与不带关联词语两种。

【七—九 145】句群：带关联词语

①除了记忆能力差之外，我还有其他的缺点，这些缺点在很大程度上使我变得无知。因为我脑子缓慢、糊涂，周围环境稍有变化就会看不清楚。因此，即使是十分容易解开的谜，我也从不要求自己去解。

②您花上几天时间，到处寻找，也可能没有一点儿收获。假如一个上午能找到两三片化石，那么这个上午就可以说是终生难忘的时刻了。然而，上个月我们竟然有过三次“终生难忘的时刻”。

【七—九 146】句群：不带关联词语

①风，更猛了。雪，更大了。我们每前进一步，更艰难了。

②盼望着，东风来了，春天的脚步近了。一切事物都像刚出生的孩子，柔柔的，嫩嫩的。草绿了，花开了，河面上的冰雪也开始融化了。

句群按意义分类，可分为联合关系与偏正关系。

【七—九 147】句群：联合关系

联合关系包括并列句群、承接句群、递进句群、选择句群、解说句群、总括句群等。例如：

①起初，他认为自己如果突然发问，会使她措手不及，说出实情。但她的行为确实让他非常震惊。同时，他不得不考虑另外一种可能，她会撒谎，那么一来，情况会更加复杂。(并列句群)

②在一起一年多了。时间虽然不长，但是哥哥再也没有胃疼得起不来了，那是因为我每天早上硬拉他起来吃早饭。我呢，更是体会到了被人悉心照料的感觉。从此我们的生活就多了一份彼此间的牵挂。(承接句群)

③每年一到夏天，我的体重总要减轻一两公斤，可今年却减少了六公斤。而且一

点儿食欲也没有，身体非常疲惫。我担心体重还会继续下降，以往我的体重总是比较稳定的，这次却不知道怎么了。(递进句群)

④许多人都说，他们从这个故事中收获很多。当然，也有人说他们从中没有得到什么。或者他们知道这样的教训，并且已经领教过很多次了。或者他们觉得自己已经懂得够多，不需要再学习什么了。(选择句群)

⑤一个人读完高中，还要读大学，上了大学，还要读研究生，甚至读完研究生，他可能还要继续深造。就是说，他对教育的需求是不断提高的。(解说句群)

⑥运动场聚集了很多人。来长跑的有大学的音乐系教授、中文系教授，有跳高运动员、跳远运动员、游泳运动员、长跑运动员，有那个写了一部小说的作家，还有各个大学的大学生。总而言之吧，那时候小小的农场真可谓人才聚集，全省的本事人基本上都到这里来了。(总括句群)

【七—九 148】句群：偏正关系

偏正关系包括条件句群、因果句群、目的句群、转折句群、假设句群、让步句群等。例如：

①你来我家拿书吧。我这儿有很多书，都可以借给你！只要你想看。(条件句群)

②单位楼下的路口新开了两家卖早餐的店，早餐的主要顾客是在附近写字楼上班的人。虽然卖着同样的早餐，味道差不多，价格也一样，而且每天早上每家店前都排满了顾客，但月底一计算，东边胖大姐的利润却是西边瘦大姐的两倍多。仔细观察一番才发现，原来差别竟出在经营策略上——瘦大姐坚持自己十几年卖早餐的传统方式，每收一个顾客的钱，就卷一个饼，然后收下一个顾客的钱，再卷一个饼。而胖大姐则截然不同，她事先把做好的饼摆整齐，自己只管收钱和找钱，前面并排放着五双筷子，让交完钱的顾客自己动手卷菜。(因果句群)

③那女孩儿快速向他走来时，他屏住了呼吸。他从未见她这么漂亮过，心里想着她肯定听见自己在办公室说话的声音了，随之便以惊人的速度打扮了自己。为的是前去迎接他。拉着女孩儿的手，他异常激动。(目的句群)

④他们俩正是这样有思想的一对青年。在当时新思想的影响下，他们走上了革命之路，不少人热情地歌颂了他们的反抗和爱情，但是鲁迅先生以敏锐的目光看到了这种反抗和爱情中所包含的悲剧因素。(转折句群)

⑤你跑到酒馆里点菜时，问那些服务员：今天的草鱼好不好？这问题是多余的，因为他一定会说好，除非你是一个熟客人。倘若你用另一种方法：今天有什么好的海鲜？那么效果就完全不同，你也可以吃到真正的好的海鲜。(假设句群)

⑥中国人在以一种欢迎的态度对待麦当劳，但可以肯定地说，无论是现在还是将来，西餐的任何形式，无论是各种快餐，还是大餐等等，都不可能根本改变中国人用餐的方式。中国比较典型的用餐方式是大圆桌团团围坐，热气腾腾，筷子、勺子在一起那么搅。(让步句群)

语法术语缩略形式一览表

缩略形式 Abbreviations	英文名称 Grammar Terms in English	中文名称 Grammar Terms in Chinese
Adv	Adverb	副词
Adj	Adjective	形容词
AP	Adjective Phrase	形容词性短语
L	Location	处所
M	Measure Word	量词
M 名	Noun-Classifier	名量词
M 动	Verb-Classifier	动量词
M 时	Time-Classifier	时量词
N	Noun	名词
N 方位	Location Noun	方位名词
NP	Noun Phrase	名词性短语
Num	Numeral	数词
NumP	Numeral Phrase	数量短语
O	Object	宾语
P	Predicate	谓语
Pron	Pronoun	代词
QPr	Question Pronoun	疑问代词
Prep	Preposition	介词
PrepP	Preposition Phrase	介词短语
S	Subject	主语
T	Time	时间
V	Verb	动词
V 单	Monosyllabic Verb	单音节动词
V 双	Disyllabic Verb	双音节动词
V 心理	Psychological Verb	心理动词
VP	Verb Phrase	动词性短语
C	Complement	补语
C 动	Verb-Classifier Complement	动量补语
C 时	Time-Classifier Complement	时量补语
C 数	Quantitative Complement	数量补语

索 引